EFFECTIVE OUTCOME-BASED TEACHING:
DESIGN AND PRACTICE

结果导向的 有效教学

设计与实施手册

O-AMAS

主　编◎李　霞

副主编◎王利凤　潘　皎

南开大学 出版社

天　津

图书在版编目(CIP)数据

结果导向的有效教学设计与实施手册 / 李霞主编；
王利凤，潘皎副主编. —天津：南开大学出版社，
2022.1(2024.5 重印)
 ISBN 978-7-310-06219-5

Ⅰ.①结… Ⅱ.①李… ②王… ③潘… Ⅲ.①教学设
计—研究 Ⅳ.①G42

中国版本图书馆 CIP 数据核字(2021)第 252430 号

结果导向的有效教学设计与实施手册
JIEGUO DAOXIANG DE YOUXIAO JIAOXUE SHEJI YU SHISHI SHOUCE

南开大学出版社出版发行
出版人:刘文华
地址:天津市南开区卫津路 94 号　　邮政编码:300071
营销部电话:(022)23508339　营销部传真:(022)23508542
https://nkup.nankai.edu.cn

天津创先河普业印刷有限公司印刷　全国各地新华书店经销
2022 年 1 月第 1 版　　2024 年 5 月第 3 次印刷
240×170 毫米　16 开本　15.25 印张　4 插页　195 千字
定价:78.00 元

如遇图书印装质量问题,请与本社营销部联系调换,电话:(022)23508339

2016 年度天津市哲学社会科学基金项目"基于互联网生态型大学英语教育模式构建及教学互动研究"(TJWW16-007)

2019 年度中国高等教育学会"基于 O-AMAS 有效教学法的素质教育课程质量提升与教学创新研究"(2019SZEYB04)

2020 年度天津市高等学校本科教学质量与教学改革研究计划"发挥课程主战场作用,以爱国主义为核心的一流课程建设探索与实践"(A201005501)

本书编委会

主　编	李　霞
副主编	王利凤　潘　皎
编　委	王　刚　万志宏　唐　磊
	刘　堃　周卫红　时　雨
	李玉栋　刘永基　张春玲
	孔祥蕾　何　玮

主编简介

李霞，南开大学外国语学院教授，法学博士，主要研究方向为高等教育课程设计与实施、跨文化交际；国家级视频公开课主讲教师，天津市级教学团队——南开大学有效教学(Nankai Effective Teaching, NKET)团队、"大学英语"国际化人才培养教学团队带头人，南开大学教学名师，英国高等教育学会 (Higher Education Academy, HEA)高级研究员；曾获天津市第七、第八届高等教育教学成果一等奖。

王利凤，南开大学医学院讲师，生物学博士；南开大学有效教学团队成员，英国高等教育学会研究员，曾获2021第六届西浦全国大学教学创新大赛一等奖。

潘皎，南开大学生命科学学院副教授，微生物学系副主任；南开大学有效教学团队成员，南开大学微生物学类课程国家级教学团队成员，国家级线上线下混合式一流本科课程——"微生物生理学"课程负责人。

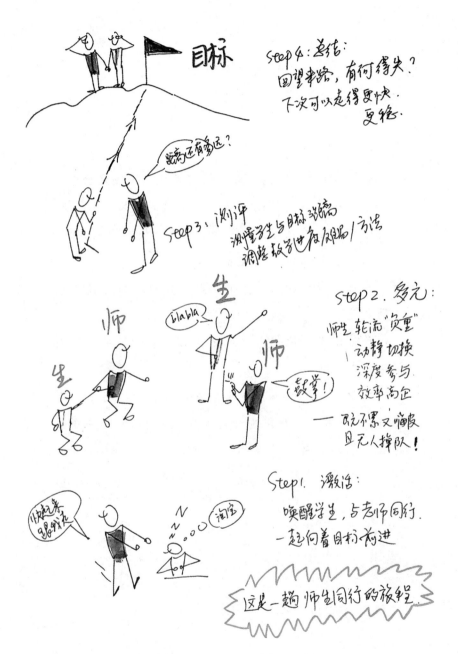

结果导向的 O-AMAS 有效教学模型示意图

我惶恐地意识到，我成了教室里的一个决定因素。

我个人的方法可以创造出教室里的情境，我个人的情绪可以左右教室里的气氛。作为一位老师，我拥有巨大的力量来让孩子们过得痛苦或者欢乐。

我可以成为折磨孩子的工具，也可以成为鼓舞孩子的火花。

我可以带给他们羞辱或者开心，也可以带给他们伤害或者拯救。

在所有的情况下，一次危机是骤然升级还是逐步化解，一个孩子是获得进步还是日益堕落，我的态度都有着重要的影响。

——海姆·吉诺特(Haim Ginott)

序

南开大学创建于 1919 年,创立之初就是为了中华民族培养英才。"勿志为达官贵人,而志为爱国志士。"这是校父严修对所有南开人的勉励,也是南开大学为国育才的初心。建一所世界一流大学,培养"知中国,服务中国"的一流人才,是南开人的兴学强国梦。南开人心存大公,报国为志,努力将先进教育经验"土货化",建设"以解决中国问题为教育目标的大学"。扎根中国大地,办世界一流大学,便是南开大学爱国报国思想的最好体现。

南开大学有效教学(Nankai Effective Teaching,简称 NKET)团队正是在"知中国,服务中国"理念的指引下,充分汲取各方面的教育理念和经验,逐渐摸索出一套在中国高校中行之有效的教学方法和教学模型。以李霞教授为带头人的教学团队以 O-AMAS 有效教学模型的研发为核心,在南开学生与教师之间、在南开教师朋辈之间、在南开与兄弟院校教师之间,建立起三维的"有效教学共同体"。经过多年的实践,这套教学方法和教学模型已经在不小的范围推广开来,使许多教师和学生受益。

首先,这一教学模式致力于建立以学生为中心的"师生共同体"。亲其师才能信其道,信其道才愿受其教。建立良好的师生关系并不是外在于课堂教学的,而是实现有效教学、提升教学质量不可或缺的前提。O-AMAS 有效教学模型在建立师生互信互爱的基础上,围绕课堂中出现的问题,在师生密切互动中解决这些问题。教师聚焦课堂教学的痛点、难点和问题点,从提升学习者情绪状态、参与状态、交往状态和思维状态的可见性出发,促进学生主动学习、深度学习。教学团队的目标是,建设学生"脸上有笑,眼里有光,相与有仁,思行有道"的"四有"大学课堂,打造以教学为纽带的师生成长共同体,实现以学生为中心的有效课堂教学。

其次,这一教学模型致力于建设"教师成长共同体"。在大学教育体系中,教师的成长过去常常被看作是个人的事情,而南开大学有效教学团队则在探索有效教学方法的过程中,同时探索以教师成长为核心的共同体路径。这一目标主要通过加强教师之间的交流实现,通过跨院校、跨学科、跨部门基层教学组织的建设,打破学科壁垒,形成教师教学、教学管理与教师培训三者之间的良性循环,在一定程度上解决了高校长期存在的一线教师与教学管理部门相互隔膜和割裂的困局,实现高校一线教师与高校教学管理部门之间的深度融合。

最后,这一教学模型致力于建设全国一线教师的"学习交流共同体"。南开大学有效教学团队从提升自身教学能力的"教研自我赋能行动"开始,逐步从教研学习到实践反思,再到培训输出、反馈提升,开展成熟成功的"培训引领发展行动"。从有效教学的课程教师到有效教学的培训师,实现教师与培训师的角色融合;从自我变革的自我赋能行动到带领更多教师改变教学的引领发展行动;从"知南开,服务南开"的南开教学实践行动,到"知中国,服务中国"的南开服务教育行动,探索出一条"做中学""教中学"和"行动改变观念"的教师教学能力提升新路径。

团队在校内外开展基于 O-AMAS 模型的有效教学培训,通过"NKET 有效教学工作坊""O-AMAS 走进云课堂"和"有效教学之旅"在线课程等项目,立体化、多维度完善有效教学教师培训,完成相关培训活动 200 余场次,成果推广至全国近 200 所高校。在我看来,O-AMAS虽然名为教学方法,更多体现的则是一种"共同议事,共同动作,共同生活"的教育理念,它能调动、激发教育最具主观能动性的因素——人,人的情感,人的活力,在这一过程中,"育"比"教"作用更明显,"习"

比"学"效果更突出。

　　高校是师生共同的家园,需要师生共同建设,在这方面南开大学有效教学团队做了不少工作。我们有理由相信,团队能够在总结前期经验的基础上继续提升和总结,进一步完善教学模型,进一步巩固师生共同体建设成效,从而为提升教育课堂质量提供普遍性经验,为构建具有南开特色的一流本科教育教学体系继续贡献力量。

王新生

2022 年 1 月 8 日

　　(序文作者系南开大学副校长, 南开大学马克思主义学院和哲学院教授,教育部高等学校教学指导委员会委员。)

前　言

　　2018 年春,为了解南开大学课堂教学现状,我和我的团队——南开大学有效教学团队向 880 多名在校生发放了一份问卷,问卷上有两个特殊的题目:"哪些因素影响我上课听讲?"和"我反感的教师课堂行为是什么?"不到 4 天时间,我们收回了 812 份问卷,并运用定性和定量方法对数据进行了总结和分析。

　　南开学子对教师的学识、品德和认真负责的教学工作给予了高度的肯定。但是作为教师,我们更关心那两个"特殊"的问题,因为学生们的回答更可能从学习者的视角向我们揭示课堂教学中存在的问题。对于"哪些因素影响我上课听讲?"这个问题,可归纳为以下四个方面。(1)教学内容难易度相关问题。典型的回答是"授课内容太难,跟不上""授课内容太水,可以自学""难的老师不讲,讲的我都会"……(2)教学内容的意义感(价值感)相关问题。典型的回答是"教学与考试无关,听不听无所谓""课程内容不能理论联系实际,没有用"。(3)教学方式相关问题。学生吐槽老师"照本宣科,无互动,无聊、单调、讲授无逻辑"等。(4)课程测评相关问题。学生反映"考试太难,考试太水,讲的不考,考的不讲"……对于"我反感的教师课堂行为是什么?"这个问题,按照词频归类排序,首先是"照本宣科(念书、念课件)",其次是"自以为是,吹牛,鄙视学生",以下依次还有"含混不清,讲不清楚""讲课古板,没有互动""啰唆反复"等等。同学们对这两个问题的回答,背后折射出的是我们在教学理念和教学方法上存在的问题。

　　透过这沉甸甸的 812 份反馈,我们看到了学生对改变课堂教学方式的渴望和诉求。南开大学的学生学业基础扎实,普遍具有较好的学习习惯和学习主动性。然而,现实中学生却对课堂学习存在不同程度的厌倦和懈怠。作为教师的我们,应该如何让课堂这个教育的主战场重新焕发活力呢?

教育专家沈祖芸在《沈祖芸全球教育报告8讲(2019—2020)》中提出观察教育的基本框架——教育的七盏灯,即从组织、空间、教育者、学习内容、学习方式、教育目标和评价体系这七个维度观察教育。我们举起明灯,从学习者的视角,从教育目标、学习内容、学习方式、学习评价等维度,来照一照我们课堂教学出现了哪些问题。在问卷基础上,我们对教师和学生展开了深度访谈,进行了课堂观察,结合国内外的相关研究,总结出当前课堂教学实践中存在的主要问题。

第一,课堂学习方式、评价方式与教育目标的一致性有偏差。课堂教学是人才培养的重要途径,是人才培养的主战场。人才培养是一个有明确指向的教育活动。这个明确指向就是我们的教育目标,也就是培养什么样的人的问题。有效教学的教学目标应该与学习方式、评价体系具有高度的一致性。通过课堂观察和教师访谈,我们发现,教师在教学实践中往往是以教材为核心,存在人才培养手段(学习方式)与培养目标(教育目标)之间的偏差,人才培养内容(学习内容)与培养目标(教育目标)之间的偏差,以及考核方式(评价体系)与培养目标(教育目标)之间的偏差。也就是说,我们的评价体系不能充分说明学生是否达到了人才培养目标,我们的课堂教学活动不能支持学生实现人才培养目标。教学活动不能帮助学生达成学习目标,考核方式不能反映学生实现学习目标的程度。

第二,教育目标对21世纪所需核心技能培养不足,学生学习意义感缺失。好的教学目标/学习结果,可以提高学生学习效果,为评估反馈活动提供方向,同时也为课堂活动设计提供依据。联合国教科文组织提出的21世纪人才核心素养框架是未来指向的教育目标的重要参考。布鲁姆认知目标体系也提出知识、技能、情感三个维度的教育目标。美国课程设计中心提出四维教育目标,即知识、技能、品格和元认知四个维度的目标。国内学者余文森提到三维教学目标,即知识技能、过程方法以及情感价值这三个维度。然而,我们的课堂教学目标往往更关注知识和技能目标,对于情感目标、品格目标及素养目标缺少实质性的教学活动。教学设计与教学活动脱节,教学大纲里虽然罗列"分析问题和解决问题能力""合作能力和创新能力"等高阶教学目标,而实际教学活动却以学生个体听讲、记笔记、观看操作等为主,没有体现出团队合作、创新、情感、价值等多维度目标,学生学习意义感缺失。

第三,课堂教学/学习方式以教师直接讲授为主,师生、生生互动水平低,缺乏连接感。课堂教学是以教师教授为主的授课方式,实现的是以记忆理解为主的低阶学习目标,学生的学习活动主要是对信息的收集,以听讲、看课件、记笔记为主,缺乏以信息加工和反思实践为主要特征的主动学习和深度学习。这样的学习活动无法激发学习的主动性,学生处于被动接受、个体学习、弱反馈、弱体验、弱反思的课堂学习状态。学生是一个个"静默""隐身"的"个体",除个别具有很强自主性的学生外,学生的课堂参与率低、学习获得感低的现象也就在所难免了。

第四,教学过程性评价与反馈方式单一,有效反馈薄弱。澳大利亚著名教育家约翰·哈蒂的研究表明,反馈是有效教学策略之一。然而全球范围内,高等教育的测评和反馈是最不能令人满意的环节。在课堂教学中,有效反馈薄弱的问题就显得更加突出。学生和教师在课堂教学活动中处于"双盲"状态,学习者"看不见"自己的学习过程,教师"看不见"学生的学习进展,课堂教学无法对学习提供有效测评和反馈。

第五,教师的教育观、教学观、知识观和人才观有待更新。理查德·阿伦兹在《学会教学》一书中指出,有效教学的教师应该至少掌握三类知识技能,即与主题和课程目标相关的学科知识技能,有关社会语境中人类发展和学习的知识,以及教学评估、课堂管理等教育学知识和技能。教师应该掌握整套教学技能,激发学生的动机,提高学生的基本技能,提高学生的思维能力,培养自律的学习者。然而,高校的教师,特别是年轻教师大多是专业研究者出身, 缺乏学科知识以外的教育技能训练;教师关于提升课程教学质量的讨论主要集中在"课堂应然"的理论层面,对于如何在教学实践中实现一流课程的目标,如何解决从教学理论到课堂实施"最后一公里"的现实问题,显得力不从心。

当然,造成课堂教学问题的原因很多,小到学生学习动机,大到社会环境等。作为新时代的高校教师,与其坐而论道,不如起而行之;与其坐等时机来临,不如在面向未来的教学改革行动中,做积极主动的学习者、反思者、行动者,把"如何实现课堂有效教学"作为我们的课题,正视问题、解决问题,在教学实践中逐步改变课堂教学现状。

本书按照 O-AMAS 有效教学模型,以学习结果(Objective)为导向,由快速激活(Activation)、多元学习(Multi-Learning)、有效测评(Effective Assessment)和简要总结(Brief Summary)四个模块组成。每个模块按照"是什么""为什么""怎么做"进行编排。其中,"是什么""为什么"阐述教学活动设计的原理,"怎么做"则聚焦与之相配套的有效教学活动。我们还在每个活动旁边留下了"'种草'笔记",方便大家在阅读使用本书时,记录下自己教学设计上的灵感、启发, 或是教学案例。

我们在本书中共呈现了 99 种教学活动, 每个教学活动包括但不限于活动关键词、活动设计背景、活动特点、活动准备、活动实施、学科案例和活动变体等内容,将教学活动形象化、系统化、流程化,形成简单易学、可操作、可复制的各学科通用的课堂教学活动。这些教学活动可以帮助教师快速掌握课堂教学活动的组织方法,有效提升师生互动频率和质量,改变课堂学生学习方式,转变教师角色,提升教师课堂教学能力,实现向学习者为中心课堂教学方式的转变。

通过本书,我们希望传达这样一种教育理念,那就是教师通过教学活动设计,创设一种学习空间,让学生在"有温度"的课堂里学习,唤醒自己、发现自己、成为自己。作为学生,在南开学习是一件幸福的事;作为教师,在南开教书也是一件幸福的事。我们衷心希望,这本凝聚我们教学思考与实践的小册子,能够点燃课堂"有效教学"的星星之火,愿每一位教师都能体验到课堂教学的幸福感。

这就是这本《结果导向的有效教学设计与实施手册》的初心,也是南开一线教师对新时代课堂教学难题奉上的一份解决方案。

李　霞

2021 年 11 月,于南开园

目　录

第三章　O-AMAS 之多元学习(Multi-Learning)

第四章　O-AMAS 之有效测评 (Effective Assessment)

第五章　O-AMAS 之简要总结(Brief Summary)

第一章

什么是 O-AMAS 有效教学

学习可以并且经常在没有教学的情况下进行，但在没有学习的情况下，就没有有效教学这回事。……学生往往学得并不像我们所预期的那么多或那么好。所教与所学之间存在差距，有时甚至是相当大的差距。

——托马斯·安吉洛(Thomas Angelo)

一、什么是有效教学

首先,教师教学工作的意义在于发生了"学习"。换言之,当"学习"没有发生的时候,教师教学的意义也就消失了。从这个角度来说,教师教学不是以完成教学内容为衡量标准,更不是以完成教学流程为标准。学生发生学习行为,是教师教学存在的意义。因此,当教师站在讲台上发现学生不能实现预期结果的时候,教师应该把目光向内,思考教学行为在多大程度上让"学习"这件事发生,而不仅仅是伸出手指指向学生。解决学生在学习过程中发生的问题,很大程度上在于教师。

其次,麦格(Mager,1968)指出教学的有效性取决于它成功地使学生朝着期望的方向而不是非期望的方向改变的程度。决定教师教学有效性的唯一指标是学生在学习完成后,向着预期目标的改变程度。教师完成了教学内容,不是有效教学的评价指标;教师讲清楚了教学内容,不是有效教学的评价指标;教师的教学活动眼花缭乱,不是有效教学的评价指标;现代技术武装的智慧教室,不是有效教学的评价指标。有效教学是学生在完成一个学习阶段后,实现目标的程度。这个阶段可能是五分钟、二十分钟、四十五分钟、九十分钟、一个学期、两个学期,甚至是四年。

以教学效果为重的意识和以学生学习为本的意识,其本质是以学习者为中心的教学。其核心重在看教学的实际效果以及学生的发展,而不是看教学计划、教学任务和教学进度完成与否;重在看学生学了什么,而不是教师自己讲了什么,教了什么。一句话,教师讲得好绝不等于学生学得好。教学有效性应该以是否发生学生有效学习为标准,而不是以教师的教学行为来判断。

约翰·哈蒂(2015)在《可见的学习:对 800 多项关于学业成就的元分析的综合报告》一书中指出,卓越教学具有如下四个特征。第一,强调经验的直接性,并且旨在让这些直接经验影响后续经验,要让早期学习经验中的经验知识和决定,有计划、有目的地转化为后续经验。第二,具有挑战性和具体的目标,并建构情境。第三,增加反馈的数量和质量,要能指出关注点和努力的方向,帮助学习者更能意识到并渴望得到与达成这些目标相关的反馈。第四,满足学习者对理解的需要,这种理解可能包括:认知层面,如学习策略、人格的自我效能感、坚持面对挑战;社会性层面,如求助和合作学习等。这四个主要特征是成功进行教学和学习的关键。

余文森(2015)提出卓越教学的五个基本特征:一是有深度的教学。学习就是要学会思维。二是有广度的教学,指的是学科知识与生活的联系以及学科与学科之间的贯通。三是有温度的教学,是指让学生感到舒适、温馨、安全、快乐和幸福,它是由课堂中人与人的关系,即师与生的关系决定的。有温度的课堂就是充满善意和人性的课堂。在这样的课堂中,学生能够有充足的安全感。四是有力度的教学。有力度的教学就是课堂充满活力的教学,这个活力由教师的感召力、学科的魅力和学生的潜力共同组成。五是有高度的教学,教学的最高目的是培养人,人的生成、成长和发展是教学的真正落脚点。

通过对高等教学法相关文献的梳理,我们发现目前高等教育领域广泛使用并有研究证明有效的教学法包括:视觉式(visual representations: concept maps, mind maps, time lines),模拟/探究式(simulations/inquiry based learning),问题式/项目式(problem based/project based learning),游戏式(games/gamification),团队合作式(team-based learning),翻转课堂(flipped learning)和叙事教学(narrative pedagogies)等。

综合以上学者的研究,我们认为有效教学具有以下六个特征:

active——积极的、主动的;

engaged——有效参与的;

collaborative——协作式的;

experiential——体验式的;

critically reflective——有效反思的;

strong emphasis on assessment——注重考核的。

二、O-AMAS 有效教学模型

针对制约我国高等教育课堂教学的瓶颈，南开大学有效教学(NKET)团队借鉴学习科学、认知科学和积极心理学的最新研究成果，按照有效教学的六大特征，自主研发以结果为导向涵盖五个环节的 O-AMAS 有效教学模型。

该模型以互动课堂教学/学习活动为驱动力,按照明确学习结果(Objective)、快速激活(Activation)、多元学习(Multi-Learning)、有效测评(Effective Assessment)和简要总结(Brief Summary)五个环节组织课堂教学。

(1)Objective:明确学习目标(结果)环节,设计多层级、可测量的学习目标,让学习目标清晰可见。

(2)Activation:快速激活环节,强调激活认知、身体和情感,让学习准备清晰可见。

(3)Multi-Learning:多元学习环节,强调学生多感官参与、多学习风格输入、多渠道信息交互、多氛围调节,实现学生学习过程可见。

(4)Effective Assessment:有效测评环节,通过增强以促学为目的的课堂互动式测评,实现学习结果可见,教师反馈过程可见。

(5)Brief Summary:简要总结环节,由学生总结事实、感受,反思收获、不足,实现自我监测可见。

每个教学环节以"即插即用"的优盘式理念,通过实施与其配套的99 余种课堂活动,打通从教育教学理论到课堂教学实施的"最后一公里",实现教学理论、教学方法与教学实施的有效结合。

O-AMAS 有效教学模型聚焦课堂教学的痛点、难点和问题点,从提升学习者情绪状态、参与状态、交往状态和思维状态的可见性出发,促进学生主动学习、深度学习。自 2018 年 6 月以来,O-AMAS 有效教学模型在混合式线下课堂、面授课堂、全英文课程、讨论课堂、实验课堂、服务学习社会实践课程中都取得了良好的效果。我们致力于建设学生"脸上有笑,眼里有光,相与有仁,思行有道"的"四有"课堂,打造以教学为纽带的师生成长共同体,实现以学生为中心的有效课堂教学。

三、O-AMAS 主要解决了哪些问题

O-AMAS 课堂教学模型,以互动式课堂教学/学习活动为抓手,从课堂教学/学习活动层面,通过教学目标深度渗透、教学方法有章可循、教学对象深度参与、学习过程显性可见、学习效果可测可评五个维度,改变课堂学习方式,实现"以学习者为中心"的有效课堂教学。

第一,解决课堂目标—方法—评价脱节的问题。运用逆向教学设计法,依据多元教学目标设计多元教学活动和多元评价方法,实现三者的统一。

第二,解决教学中师生、生生互动不足问题。O-AMAS 互动课堂教学/学习活动可有效提升课堂教学中师生、生生互动的频率和质量,改变课堂学习中学生"静默""隐身"的"个体"学习状态,解决课堂教学互动性差的问题。

第三,使学习"可见",克服课堂教学中师生"双盲"现象。通过 O-AMAS 互动课堂教学/学习活动,学习者学习过程可见,学习进展可见,学习成果可见,学习反馈可见,从而改变学生和教师在课堂教学活动中的"双盲"状态,提升学生学习获得感和教师教学幸福感。

第四,改变课堂教学中学生的低阶学习取向。通过实施"目中有人"的有效课堂教学活动,激发教与学中人的能动性,提高学生学习的主动性、高阶性和挑战性。

第二章

O-AMAS 之快速激活

（Activation）

学习来自学生的所做所想，并且仅仅来自学生的所做所想。教师只有通过影响学生对学习所做的事情，才能促进学生的学习。

——赫伯特·西蒙（Herbert Simon）

课堂伊始,学生无法进入学习状态,怎么办?

· 激活认知,点燃好奇求知;

· 激活情感,激发积极情绪;

· 激活身体,引发专注活力。

在进行教学设计和实施时面临的一个很现实的问题是,我们应该如何启动整个教学?怎样让学生做好全身心的准备,和我们一起迎接教学旅程?我的学生会对我接下来的内容和安排有所期待吗?怎么激发学生的学习热情,使其保持学习动机,创造良好的课堂氛围和环境?

一、什么是激活

激活是指通过教学活动激发学生的学习状态，使其做好进一步学习的准备。具体到课堂教学环节中的激活,包括激活认知、激活情感和激活身体,三个方面,缺一不可。

(一)激活认知

激活认知是指激发学生调动已有的经验和知识，为其理解和整合新的知识做好准备。孔子曰:"温故而知新。"在学生的旧知和即将展开的新知之间，教师需要帮助学生将新的知识与旧知整合在一个一体化的框架下。

安德森(Anderson,1983)指出,学习是一个连续的过程。从认知理论来看，有意义的信息必须是相互联系的概念和事实以网络的方式存储在人的大脑中的。如果新的信息能够非常好地嵌入已有图式中,则这些信息将更容易被理解和保持。简言之，基于已会的先前经验和知识,便于理解和整合新的知识。一旦学生脑中闪过"这个我知道(会做)一点儿""这个同原来的××是有关的"，那么学生学习新知识或技能的效率将会更高,进一步学习的动力也会更强。

(二)激活情感

激活情感是指通过教学活动使学生从情感态度上做好学习的准备,最主要的方面是激发学生的学习动机,使学生"想要学";创造一个恰当的课堂氛围,让学生"乐于学"。学生带着对学习目标、学习内容或学习过程的期待,积极、热情地参与到后面的学习活动中去。

激发并保持学习动机包括三个方面:一是引起注意和好奇,"这是为什么?我想知道";二是建立起学习同真实情景的关联,"这个有用,我要学";三是提升学生的自信心和成就感,"这个我可以的!"。

激发情感认同,即引起学生对教师、教学内容、教学同伴和课堂的期待和认可。教师借助多种互动或多媒体手段来创造一个与教学内容和学生群体都密切相关的情境,引发学生情感上的共鸣,创造恰当的课堂氛围。

(三)激活身体

激活身体是指学生通过身体活动,特别是与同伴的互动,做好学习的身体准备。

同激活认知和激活情感相比,激活身体在教学中往往容易被忽视。然而,学习科学理论和大脑运作的原理告诉我们,专注学习需要注意力和精力管理,比较复杂的脑力活动会耗费大量的精力。如果学生处于高度紧张状态,容易产生大脑缺氧,感到疲倦;此时进行适当的休息、运动,有利于补充脑氧量,让血液含有更多的氧气,帮助大脑重启,以更清醒、更兴奋的状态投入学习中。当然,激活身体并不一定要做大幅的肢体运动,我们强调的是刺激各种感官通路,让大脑负责听、说、看、运动、思考等的各个区域细胞活跃起来,点亮大脑。

适当的身体活动,特别是同伴互动、师生互动,还有助于增强学习的社交愉悦感,促进学生认知能力的提升,缓解学生的精神压力,形成良性的课堂环境。

二、为什么要激活

在学习的过程中,为什么需要激活？想想经典的悬疑小说或电影,是不是开头就设计了令人欲罢不能的情节,让读者急着看下去;想想田径赛跑,运动员们充分热身后蓄势待发,绷紧了神经,等待发令枪响起的一刹那。激活这个环节,就像举起课堂教学的"发令枪",能调动学生的身体、情感和注意力,其作用包括:

(一)激发学生学习动机

动机(Motivation)是激发和维持有机体的行动,并使行动导向某一目标的心理倾向或内部驱力。学习动机对于学习效果的影响非常重要。在一门课程教学之初和每个阶段课堂教学的开始阶段,通过有效激活和适当引导,可以最大限度地激发并保持学生的学习动机,使他们产生能够指向学习目标和结果的深度学习。

动机有内在动机和外在动机之分。外在动机的来源是外在奖赏或其他报酬(获取正面激励和躲避负面惩罚)。内在动机是学习活动本身能使学生得到情绪上的满足,从而产生成就感。人们的行为总是混杂着内在动机和外在动机,但内在动机的影响更持久。课堂激活环节,强调激发学生学习的内在动机。兴趣是最好的老师,是学生学习最宝贵的动机和资源。学生一旦对学习产生了兴趣,会产生强烈的探究欲望。

教师应当精心设计激活的手段和方式,来激发学生的好奇心,使他们对一些之前没有认识到或认真考虑过的问题感到惊讶、好奇。比如,科学课的教师可利用一些有趣的演示实验(如点燃一张用酒精浸泡过的纸币并不会损坏它),来激发他们的好奇心和求知欲,并使得他们课堂注意力能保持高度集中。因此,激发并保持学生的学习动机,使得他们愿意去主动学习那些有助于他们在学校和生活中取得成功和获得价值感的知识、技能和理念。普和伯金(Pugh & Bergin, 2006)指出这样做带来的积极影响，是学生在主动学习的过程中会乐于运用更为高级和有效的认知手段，去实现更高层次的学习目标，并能更加容易地将所学到的知识迁移到新的环境中。

(二)激活学生旧有知识经验

学习是一个渐进过程，对先前经验和知识的激活，对后续课程教学的有效性至关重要。通过激活旧知，在新知识同旧知识之间建立关联，这种关联越多，调用信息的速度越快，越有利于搭建新的网络整合知识。从建构主义的学习理论来看，学生要能真正地学到知识，就必须自己去发现和转换复杂的信息。学生要用自己的头脑来建构知识，而教师的作用是采用多种手段来促进学生的建构过程。实现这样的课堂，就必须将学习者先前的知识、经验等和他将要学习的任何新概念之间建立关系。教师可以请学生画思维导图、结构图等方式描述自己的现有知识，也可以用一些问题来激发学生联系旧知，或者请学生用比喻、联想等方式在不同概念之间建立起关联。

值得注意的是，有时候学生的旧知可能会妨碍新知的吸收和学习，特别是旧有的结构不良的知识(比如碎片化，理解存在遗漏、偏差的知识甚至是错误的知识)、经验(想一想纠正一个错误的体育运动动作的难度)会极大地阻碍学习过程。因此在激活认知的过程中，也需要教师通过教学活动了解学生的学习基础，并在随后进行对应的教学干预。

使用旧知识来进行激活的策略则能给教师提供"脚手架"，并在后续的课堂教学中将学习的主动性逐渐交给学生。

(三)创造积极安全的学习环境

一个好的激活方式，可以让学生在调动感官和思维的同时，建立起一个积极的心理暗示:我已经做好学习的准备了,我迫切地想开始今天要学习的内容以及老师的下一步教学活动。如同体育运动之前的热身环节,学生在身体、情绪和思想方面都集中到了接下来的学习过程。教师可以利用课堂激活的策略来创造一种有益于激发学生兴趣和探究欲望的课堂气氛,通过对活跃的课堂表现给予肯定和赞赏,表达出对学生的高期望,感染学生的热情,形成一种有助于学生积极思考、乐于参与的学习环境,保持教学节奏和教学的流畅性。

(四)建立情感连接,增强群体认同

课堂激活形式具有灵活性和多样性,选择适当的激活方法除了能使教师更好地开展随后的教学活动,还能将课堂教学与学生的个人经历、思想、情感、价值观等联系起来,教师同学生建立起相互尊重和主动合作的伙伴关系。通过设计出人性化的、切实可行的课堂活动,将学习内容和学生的生活联系起来,增强学生对课堂活动的认同感,并赋予学习过程更多的个性化色彩。同时,教师应从尊重每一个学生的角度出发,关注学生的学习速度、学习能力、学习适应性和兴趣经验等方面的差异。

三、O-AMAS 中的快速激活原则

(一)以教学目标为导向,与教学内容高度关联

一切教学活动都应该围绕学习目标(Objective)来进行,激活环节的真正目的,是围绕教学目标使学生做好学习的准备。激活的内容、方式与学习内容的内在相关是实现与学习目标一致性的重要保证。

实践中常会出现一种误区,就是教师为调动学生的热情或活跃课堂氛围,讲一些开场小段子博学生一乐;或者为了获得学生的认同感,做一些与教学无关的才艺表演 (曾有一位老师在课堂开场表演了一段

美声唱法),这样的方式虽然能活跃课堂气氛,但却分散了学生注意力,无助于学习过程的展开,教师需要费力"言归正传",将学生注意力拉回到随后的教学内容上。如果抛开学习目标、学习内容来谈激活,即使方法有趣、课堂氛围融洽,仍不是有效激活,效果适得其反。

(二)认知、情感和身体激活,三者有机统一

激活的基本作用在于激发学生的学习动机和兴趣,提升学生的参与热情和学习主动性,使教学活动充满弹性和张力。

实践中,很多教师注意激活知识和动机,然而却往往忽略了激活身体。试想,寒冷的冬天早上第一堂课,学生们睡眼蒙眬,如何让学生们迅速集中精力准备学习?经过一天的学习,下午第三、第四节课,学生疲倦不堪,如何让他们精神振奋起来?刚下了两节体育课,学生们兴高采烈地讨论足球、篮球的比赛结果,如何使他们过于兴奋的神经迅速冷却下来,集中到教学中来?此时,使用一些身体激活的活动,让学生们迅速进入到学习状态就显得非常重要了。

(三)灵活运用多种方法,师生探索课堂乐趣

课堂教学中的激活,是全方位的、多层次的。教师可采用多种方式,尽可能激发学生的多种感官,积极创设教学情境,并适当授予学生主动权,激活学生学习兴趣。

教师可以采用各种学生喜闻乐见的方式,化静为动,化抽象为具体,通过对学生的感官进行刺激,启发智力,唤起学生的求知欲望,让互动的思维碰撞,创造出趣味和活力无限的课堂氛围来。

激活的方法有很多,我们为大家准备了15种激活活动的范本,试一试吧。

四、O-AMAS 激活活动

活动1　烫手的纸球

◇ 活动关键词

应用环节:快速激活☑　多元学习☐　有效测评☑　简要总结☑

参与形式:个人活动☐　两人活动☐　小组活动☑　全班活动☐

能力目标:记忆☑　理解☑　应用☑　分析☑　评价☑　创造☐

学习和创新	数字技能	职业和生活技能
批判性思维☑	信息技能☐	灵活性和适应性☑
解决问题能力☐	媒体技能☐	主动性和自我引导☑
创造性思维和创新能力☐	信息和通信技术☐	跨文化交际能力☑
沟通能力☑		富有生产力/值得信赖☑
协作能力☑		领导力和责任感☑

◇ 活动设计背景

以游戏的形式替代传统的教师提问学生回答教学模式,快速激活学习内容,提升学生专注力,调动学生的学习积极性。

◇ 活动特点

多感官参与,全体参与,趣味性强,操作简便,互动性强。

◇ 活动准备

一张纸。

◇ 活动实施(约 10 分钟)

(1)教师将学生分组,每组 6 人。教师指导学生随意揉搓一张纸,做成一个纸球。

(2)教师指令:"这是一个烫手的纸球,拿到的第一个同学要说出上节课的一个知识点,然后把纸球随机扔给组内一个同伴。接到纸球的

�֎ "种草"笔记

同学要先简要解释上一个同学的知识点,自己再说一个新的知识点,以此类推。知识点不能重复。时间为 5 分钟。开始!"

(3)学生扔纸球,解释知识点。教师巡视课堂,注意收集学生未提及的知识重点。

(4)时间到。教师根据教学需要随机挑选几名学生,由这几名同学向全班同学介绍本组复习到的知识点。

(5)教师根据学生学习情况精确点评。

✿"种草"笔记

活动 2　制作关系图

◇ 活动关键词

应用环节:快速激活☑　多元学习☑　有效测评☑　简要总结☑

参与形式:个人活动☐　两人活动☐　小组活动☑　全班活动☐

能力目标:记忆☑　理解☑　应用☐　分析☑　评价☐　创造☑

学习和创新	数字技能	职业和生活技能
批判性思维☐	信息技能☐	灵活性和适应性☑
解决问题能力☑	媒体技能☐	主动性和自我引导☑
创造性思维和创新能力☐	信息和通信技术☐	跨文化交际能力☐
沟通能力☑		富有生产力/值得信赖☑
协作能力☑		领导力和责任感☑

◇ 活动设计背景

在学期初制作小组成员关系图,可以促进小组成员相互了解,建立融洽的合作氛围,为后续学习打下良好的基础。在教学环节中,通过绘制概念、人物、情节或知识点之间的关系图,手脑并用、多感官参与,形成图像认知,帮助学生对内容之间相互关系形成较为清晰的认识,增强知识之间的有效连接。

◇ 活动特点

多感官参与,全体参与,操作简便,互动性强。

◇ 活动准备

大白纸、彩色笔。

◇ 活动实施(约 15 分钟)

(1)教师将学生分组,每组 4 人。

(2)教师指令:"请大家参考样图(如图 2-1)将幻灯片上 4 个概念写在大白纸 4 个角落的位置。"

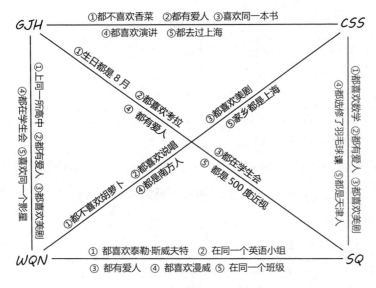

图 2-1　小组成员关系示意图

(3)小组写概念。

(4)教师指令:"组内同学交流,找到每两个概念之间的共同点;找到一个共同点, 就在这两个概念之间连一条直线, 并在线上写出共同点;每两个概念之间至少要找到两个共同点。开始!"

(5)教师巡视全场,注意收集难点。

(6)时间到,教师邀请每组中一位发言人讲解本组的关系图。

(7)教师根据学生讲解重点进行反馈和点评。

扫一扫

观看本活动视频

❀ "种草"笔记

活动 3　交换卡片

◇ 活动关键词

应用环节:快速激活☑　多元学习☐　有效测评☑　简要总结☑

参与形式:个人活动☐　两人活动☐　小组活动☐　全班活动☑

能力目标:记忆☑　理解☑　应用☑　分析☐　评价☐　创造☐

学习和创新	数字技能	职业和生活技能
批判性思维☑	信息技能☐	灵活性和适应性☑
解决问题能力☐	媒体技能☐	主动性和自我引导☑
创造性思维和创新能力☐	信息和通信技术☐	跨文化交际能力☐
沟通能力☑		富有生产力/值得信赖☑
协作能力☑		领导力和责任感☑

◇ 活动设计背景

课程开始时,先复习,激活旧知,帮助学生熟悉课程学习方式,建立班级平等交流氛围,增强学生之间的情感连接,建设促进学生主动学习的学习氛围。

◇ 活动特点

多感官参与,全体参与,趣味性强,轻松愉快,主动学习。

◇ 活动准备

纸和笔。

◇ 活动实施(约 13 分钟)

(1)教师指令:"每人拿出 4 张小纸片,选取上节课相关内容,制作 4 张卡片,卡片内容可以是知识点关键词,也可以是重点知识的示意图。时间 3 分钟,开始!"

(2)学生制作卡片。

(3)教师指令:"音乐声起,大家在班级内随意走动;音乐声停,大家立刻跟离自己最近的一人交换卡片,并简要介绍自己的卡片内容。音乐声再次响起,大家再次走动;音乐声停,跟新的同伴交换卡片,交流信息。全体起立,走起来! ”

(4)学生交换卡片并交流信息,4张卡片都交换完毕,举手示意。教师也可根据学生完成情况,停止活动。

(5)教师随机选两位学生分享自己从同伴那里获得的印象最深的知识点。

(6)教师根据学生分享的信息进行重点反馈和讲解。

◇ 大班活动变体

(1)大班分成几个大组进行活动。

(2)班级空间有限,可采用“流水线”(参见活动78)的形式。

活动4　三真一假

❖ “种草”笔记

◇ 活动关键词

应用环节:快速激活☑　多元学习☐　有效测评☑　简要总结☐

参与形式:个人活动☐　两人活动☑　小组活动☑　全班活动☐

能力目标:记忆☑　理解☑　应用☑　分析☑　评价☑　创造☐

学习和创新	数字技能	职业和生活技能
批判性思维☑	信息技能☐	灵活性和适应性☑
解决问题能力☐	媒体技能☐	主动性和自我引导☑
创造性思维和创新能力☑	信息和通信技术☐	跨文化交际能力☐
沟通能力☑		富有生产力/值得信赖☑
协作能力☐		领导力和责任感☑

◇ 活动设计背景

本活动利用互动式、游戏式活动设计,避免传统的教师单向提问存在的问题,激活学生的旧知,帮助师生之间、生生之间建立情感连接,形成归属感,增强班级凝聚力。如果用于课堂测评和总结,可以减轻学生因测试而产生的焦虑和压力,检验学习结果;如果用于知识点激活,则将4个陈述换成与教学内容相关的陈述即可；也可将其作为多选题的变形。

◇ 活动特点

多感官参与,趣味性强,操作简便。

◇ 活动准备

提前准备好4幅图片或者关于某个知识点的4个陈述, 可以3个真的(正确的)陈述,1个假的(错误的)陈述,如图2-2所示。如用于破冰,内容可以是关于教师自身的信息;如果用于激活或者测评环节,内容可以是课程知识点。

图2-2　关于我的三真一假样例图

◇ 活动实施(约10分钟)

(1)教师将学生分组,4~5人一组。

(2)教师指令:"以上是关于我本人的4个陈述,其中3个是真的,1个是假的,请大家猜猜是哪个。大家可以讨论一下。"

(3)教师揭晓答案,简要介绍自己。

(4)教师指令:"按照这个示例,每个同学在纸上写下关于个人的4句话。这4句话中,要求三真一假。时间2分钟,开始！"

（5）每个学生写关于自己的 4 句话。

（6）小组内同学轮流分享自己的 4 句话,请组内其他同学判断真假。出题的学生给出答案,并简单解释。

（7）随机邀请一位学生,将他的 4 句话展示给大家。让大家猜他写的 4 句话的真假。

（8）教师进行总体点评。

扫一扫

观看本活动视频

活动5　我的起点

◇ 活动关键词

应用环节:快速激活☑　多元学习☐　有效测评☐　简要总结☑

参与形式:个人活动☐　两人活动☐　小组活动☑　全班活动☑

能力目标:记忆☑　理解☑　应用☐　分析☑　评价☑　创造☐

✤ "种草"笔记

学习和创新	数字技能	职业和生活技能
批判性思维☑	信息技能☐	灵活性和适应性☐
解决问题能力☐	媒体技能☐	主动性和自我引导☑
创造性思维和创新能力☐	信息和通信技术☐	跨文化交际能力☐
沟通能力☑		富有生产力/值得信赖☐
协作能力☑		领导力和责任感☑

◇ 活动设计背景

通过此活动,教师可以了解班内同学对相关内容的了解程度,完成学情调查,便于有针对性地组织课堂教学;学生在活动时,需要快速搜索已有知识经验并进行自我评估,有助于激活旧知识和原有经验,激发对新知的学习欲望;同时,适当走动,可以激活学生身体,达到全面激活的效果。

◇ 活动特点

多感官参与,同伴学习,全体参与,操作简便,互动性强。

◇ 活动准备

打印 4 个标签纸:小白、略知、熟知、精通。

将 4 个标签贴于教室的 4 个不同的角落,如黑板左、右两侧和教室后墙的左、右两侧。此环节也可以通过教师的教学指令配合手势,明确教室 4 个角落所对应标签内容,如图 2-3 所示。

图 2-3　我的起点活动示意图

◇ 活动实施(约 10 分钟)

(1)教师提出一个与本节教学内容相关的概念或主题,例如“什么是光纤?”

(2)教师指令:“对于这个概念,请大家自我评估,‘我’了解多少,了解到什么程度。例如,第一次听说,请站到‘小白’的标签处;如果听过概念,但是具体内容不了解,请站到‘略知’的标签处;如果能举例说明解释这个概念,请站到‘熟知’标签处;有过系统学习,并能简要分析,教过别人,或者实践运用过,请站到‘精通’的标签处。开始!”

(3)学生按照自我评估情况站到不同标签处。

(4)教师提出几个与“光纤”相关问题,帮助学生确认自我评估是否准确。

(5)教师邀请“熟知组”和“精通组”简单分享相关知识或者经验,完成学习内容激活。

活动6　蜘蛛图头脑风暴

◇ 活动关键词

应用环节:快速激活☑　多元学习☐　有效测评☑　简要总结☑

参与形式:个人活动☑　两人活动☑　小组活动☑　全班活动☐

能力目标:记忆☑　理解☑　应用☑　分析☑　评价☑　创造☐

学习和创新	数字技能	职业和生活技能
批判性思维☑	信息技能☐	灵活性和适应性☑
解决问题能力☐	媒体技能☐	主动性和自我引导☑
创造性思维和创新能力☑	信息和通信技术☑	跨文化交际能力☐
沟通能力☑		富有生产力/值得信赖☑
协作能力☑		领导力和责任感☑

◇ 活动设计背景

蜘蛛图是思维导图的一种,此图因将关键词写在中间的圆内,相关内容写在从圆出发的线上,形似蜘蛛而得名。蜘蛛图不侧重内容的分类整理,是一种训练发散思维的好工具。在开始某个学习内容之前,学生以蜘蛛图的形式进行头脑风暴,可以快速激活学生的已有认知。同时蜘蛛图有明确的 6~8 只脚的图形,如图 2-4 所示,可以促使学生努力填充内容,从而激发学生的主动性和积极性。

◇ 活动特点

多感官参与,全体参与,主动学习,有一定趣味性。

◇ 活动实施(约 10 分钟)

(1)教师将学生分组,5~6 人一组,组内指定一人为记录员。

(2)教师指令:"记录员在 A4 纸的中央画一个圆,圆内写上关键词'激光'。"

(3)记录员画圆,写关键词。

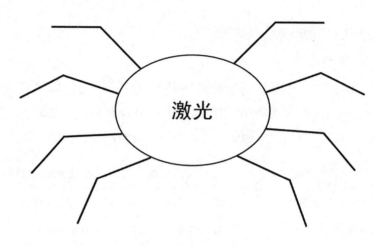

图 2-4　蜘蛛图示意图

（4）教师指令："组内同学思考与激光有关的任何信息，想到一个，记录员就从圆上向外画一条线，并在线上写下内容。画出的线越多越好，时间 3 分钟，开始！"

（5）小组合作，边讨论边画图。

（6）教师邀请 2~3 组的学生代表分享蜘蛛图。

（7）教师根据学生头脑风暴内容进行精准点评。

◇　大班活动变体

利用智慧教学工具通过"弹幕"分享蜘蛛图。

❀ "种草"笔记

活动 7　制作平衡轮

◇　活动关键词

应用环节：快速激活☑　多元学习□　有效测评☑　简要总结☑

参与形式：个人活动☑　两人活动☑　小组活动☑　全班活动□

能力目标：记忆□　理解☑　应用☑　分析☑　评价☑　创造□

学习和创新	数字技能	职业和生活技能
批判性思维 ☑	信息技能 ☐	灵活性和适应性 ☑
解决问题能力 ☑	媒体技能 ☐	主动性和自我引导 ☑
创造性思维和创新能力 ☑	信息和通信技术 ☐	跨文化交际能力 ☑
沟通能力 ☑		富有生产力/值得信赖 ☑
协作能力 ☑		领导力和责任感 ☑

◇ 活动设计背景

平衡轮活动通过视觉化的呈现直观地对多个内容进行综合评估,可用于帮助学习者定位聚焦问题,分析学习策略,形成解决问题的思路,激发学习动力,等等。

◇ 活动特点

多感官参与,主动学习,深度学习,同伴学习。

◇ 活动准备

教师准备"平衡轮"讨论话题,彩纸、彩笔,等等。

◇ 活动实施(约 15 分钟)

(1)教师将学生分组,2 人一组,或者 4~5 人一组。

(2)教师指令:"我们将使用平衡轮工具,以小组为单位完成对'优秀证券投资分析师的能力'的分析评估。"

(3)教师指令:"在一张 A4 纸上画一个圆,把它分成 8 等份。小组讨论,选择重要的关键因素或者重点涉及的相关内容,分别填在每条半径外。绘制平衡轮,时间 4 分钟,开始!"如图 2-5 所示。

(4)教师在课堂上巡回指导。

(5)教师指令:"时间到。现在大家讨论,依据这个评分标准,对每个因素现实情况评分,0 分最低,位于圆心,10 分最高,位于圆上。"

(6)教师指令:"时间到。现在,如果可以,大家最想提高哪一项分数呢?当这一项分数提升后,对其他项分数有怎样的影响?时间 2 分钟,

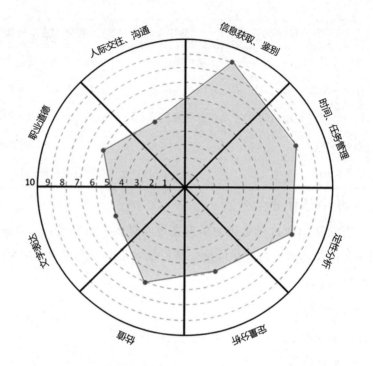

图 2-5　平衡轮:优秀证券投资分析师的能力样例图

讨论开始。"

(7)教师邀请 1~2 个小组分享完成后的平衡轮,教师进行精讲和点评。

◇　大班活动变体

可邻座两人讨论后绘制,利用教学平台交流讨论。

◇　教学案例

课程名称:证券投资分析课(金融方向专业选修课)

教学对象:硕士研究生二年级。学生已经学习过投资学原理、金融市场、金融资产定价等课程。

班级人数:20~30 人

教学内容:课程导论

学习目标:学生能够识别优秀证券投资分析师的能力构成要素,

能够评估自身差距,确定本学期需要强化的方向。

教学活动:制作平衡轮——优秀证券投资分析师的能力

(1)教师提问:"想想哪些是公认的优秀的证券投资分析师?他们有哪些共同之处?你未来要从事这个职业的话,哪些是你认为必须具备的能力?"

(2)教学活动步骤

①小组讨论,各组写下基本内容;

②各组内容整合(比如写在黑板上,删除重复的,教师再补充),形成主要内容;

③要求学生们将以下内容按重要性排序,并自我评估;

④展示或讨论。

(3)总结

优秀证券投资分析师涉及的能力包括:

* 人际交往、沟通能力(企业、买方与公众)

* 信息获取、鉴别能力

* 时间任务管理能力

* 定性分析能力(企业和行业分析)

* 定量分析能力(财务数据分析、财务预测)

* 估值能力

* 文字表达能力(研究报告撰写)

* 职业道德

活动 8　学习目标自画像

◇ 活动关键词

应用环节:快速激活☑　多元学习☐　有效测评☐　简要总结☑

参与形式:个人活动☑　两人活动☑　小组活动☑　全班活动☐

能力目标:记忆☐　理解☑　应用☐　分析☑　评价☑　创造☐

❀"种草"笔记

学习和创新	数字技能	职业和生活技能
批判性思维 ☑	信息技能 ☐	灵活性和适应性 ☑
解决问题能力 ☐	媒体技能 ☐	主动性和自我引导 ☑
创造性思维和创新能力 ☑	信息和通信技术 ☐	跨文化交际能力 ☐
沟通能力 ☐		富有生产力/值得信赖 ☑
协作能力 ☐		领导力和责任感 ☑

◇ 活动设计背景

师生对课程目标达成一致的程度是影响教学有效性的重要因素。目标达成一致程度越高,学生实现目标的可能性就越大。在课程导论、概论和课程介绍等教学内容中,以互动的方式,通过将学习目标等抽象内容可视化,帮助学生树立学习目标和学习结果意识,激发学生学习动机,实现师生对教学目标和学习结果的有效沟通。

◇ 活动特点

多感官参与,趣味性强,操作简便。

◇ 活动准备

教师需要提前打印画好的人体轮廓简笔画,每个学生一张,也可由学生课前自己画好备用,如图 2-6 所示。

图 2-6 我的自画像样例图

◇ 活动实施(约15分钟)

(1)教师将学生分组,4~5人一组。

(2)教师指令:"在人体轮廓图上,用形象、有创意的方式,标明通过这门/堂课你希望培养的能力或者希望实现的学习结果。例如,你希望学到知识,就可以在头部画一本书,标注上'学到知识';如果希望培养观察能力,就可以在脸上画一对照相机;等等。"

(3)教师分发人体轮廓简笔画,每人一张。

(4)教师指令:"现在开始我们的学习目标'自画像'活动,时间4分钟。"

(5)学生把希望通过本门/堂课学习能够获得的能力或者目标,形象化到"自画像"上。

(6)教师指令:"时间到。小组内简要分享和讨论组内同学'自画像'的含义及启示。"

(7)教师随机指定学生对"自画像"进行讲解和说明。

(8)教师进行反馈总结,并引出本门/堂课的学习目标、教学方法和课程期待等。

活动9 神秘数字

❋ "种草"笔记

◇ 活动关键词

应用环节:快速激活☑ 多元学习☑ 有效测评☑ 简要总结☑

参与形式:个人活动☐ 两人活动☑ 小组活动☑ 全班活动☐

能力目标:记忆☑ 理解☐ 应用☐ 分析☑ 评价☐ 创造☐

学习和创新	数字技能	职业和生活技能
批判性思维☑	信息技能☐	灵活性和适应性☑
解决问题能力☑	媒体技能☐	主动性和自我引导☑
创造性思维和创新能力☐	信息和通信技术☐	跨文化交际能力☐
沟通能力☑		富有生产力/值得信赖☑
协作能力☑		领导力和责任感☑

◇ 活动设计背景

使用猜数字含义的互动游戏方式,激发学生主动思考,建立师生、生生之间情感连接,形成归属感,增强班级凝聚力,创建积极的学习体验。

◇ 活动特点

多感官参与,全体参与,趣味性强,操作简便,互动性强。

◇ 活动准备

教师准备几个与课堂教学内容相关的数字。也可在教师指导下,由学生准备相关数字。如图 2-7 所示。

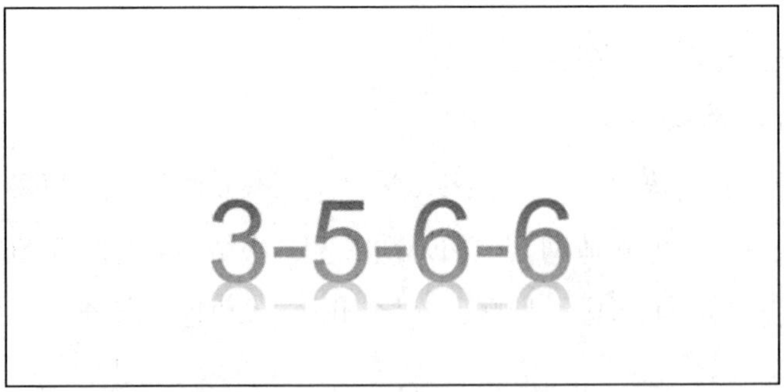

图 2-7 神秘数字示意图

◇ 活动实施(约 10 分钟)

(1)教师将全班学生分组,每组 4 人。

(2)教师指令:"这是 4 个与上节课内容有关的数字。请小组讨论说出这几个数字代表的内容。时间 2 分钟,开始！"

(3)学生组内讨论。

(4)教师邀请每组中一名学生,代表小组给出答案,并简要解释该答案。

(5)教师揭晓答案,并做精要讲解。

◇ 活动变体

(1)教师指令:"小组内,每位同学写出与上节课教学内容相关的 4 个数字。按照顺时针方向,依次展示自己的 4 个数字,请小组同学猜测数字所代表的含义。之后本人揭晓答案,并简要介绍内容。每人一分半钟,共计 6 分钟,开始！"

(2)教师做总结点评。

活动 10　神秘任务

◇ 活动关键词

应用环节:快速激活☑　多元学习☐　有效测评☑　简要总结☑

参与形式:个人活动☑　两人活动☐　小组活动☑　全班活动☐

能力目标:记忆☐　理解☑　应用☑　分析☑　评价☑　创造☐

学习和创新	数字技能	职业和生活技能
批判性思维☐	信息技能☐	灵活性和适应性☑
解决问题能力☑	媒体技能☐	主动性和自我引导☑
创造性思维和创新能力☐	信息和通信技术☑	跨文化交际能力☐
沟通能力☑		富有生产力/值得信赖☑
协作能力☑		领导力和责任感☑

◇ 活动设计背景

教师根据上节课学习内容或者本节课要讲的内容,布置神秘任务,以互动游戏方式,激发学习者好奇心,并以组内同伴社交为动力,促进

✤ "种草"笔记

学习者参与。学生在与同伴交流的过程中,深入思考、总结和分析,实现认知的快速激活,完成主动学习。

◇ 活动特点

多感官参与,同伴学习,互动性强。

◇ 活动准备

教师准备若干个与上节课学习内容相关或者与本节课要讲的内容相关题目,分别写在或打印在不同的纸条或者卡片上。

◇ 活动实施(约 10 分钟)

(1)教师将学生分组,3~4 人一组。

(2)教师指令:"请每组派一名同学抽取一张题目卡,组内讨论如何回答,可查找资料。时间 3 分钟。"

(3)教师发布神秘任务学习卡片,学生准备答案。

(4)教师指令:"与组员交流题目与答案,时间 2 分钟。开始!"

(5)教师巡视监控活动的进展,了解情况。

(6)教师随机邀请 2~3 名学生回答问题,并针对重点、难点给予反馈。

◇ 大班活动变体

教师通过智慧教学工具(如"雨课堂")给学生发送题目,学生在线提交答案,教师通过"弹幕"投屏分享答案,并与同学们交流、讨论。

❀ "种草"笔记

活动 11　形容词游戏

◇ 活动关键词

应用环节:快速激活☑　多元学习☐　有效测评☑　简要总结☑
参与形式:个人活动☑　两人活动☑　小组活动☑　全班活动☐
能力目标:记忆☑　理解☑　应用☑　分析☐　评价☑　创造☐

学习和创新	数字技能	职业和生活技能
批判性思维☑	信息技能☐	灵活性和适应性☑
解决问题能力☐	媒体技能☐	主动性和自我引导☑
创造性思维和创新能力☑	信息和通信技术☐	跨文化交际能力☐
沟通能力☑		富有生产力/值得信赖☑
协作能力☑		领导力和责任感☑

◇ 活动设计背景

通过让学生找到与概念有关的形容词,帮助学生激活旧知,形成独特的个人解释,加深记忆,更好地理解概念。

◇ 活动特点

操作简便,互动性强。

◇ 活动实施(约 10 分钟)

(1)教师将学生分组,4~6 人一组,指定一位同学为记录员。

(2)教师指令:"以小组为单位,在 3 分钟内,使用形容词描述'苯',可以涉及结构、性质和功能等各个方面,形容词数量越多越好,记录员负责记录。时长 3 分钟,开始! "

(3)各组写形容词。

(4)教师指令:"时间到,各组统计形容词数量。"

(5)教师请班级内形容词写得最多的小组代表读出所写形容词,其他组同学可选择同意或者不同意。同意,则将新词补充到自己组的形容词词云中;不同意则提出驳回的理由。

(6)教师进行总体点评和精讲。

◇ 大班活动变体

利用网络平台,学生将形容词发到学习平台,生成词云,找到出现频率最高的一些形容词,教师有针对性地总结和点评。

✽ "种草"笔记

活动 12　首字母填词

◇ 活动关键词

应用环节：快速激活☑　多元学习☐　有效测评☑　简要总结☑

参与形式：个人活动☑　两人活动☑　小组活动☑　全班活动☐

能力目标：记忆☐　理解☑　应用☑　分析☑　评价☑　创造☐

学习和创新	数字技能	职业和生活技能
批判性思维☐	信息技能☐	灵活性和适应性☑
解决问题能力☑	媒体技能☐	主动性和自我引导☑
创造性思维和创新能力☐	信息和通信技术☐	跨文化交际能力☐
沟通能力☑		富有生产力/值得信赖☐
协作能力☑		领导力和责任感☑

◇ 活动设计背景

通过首字母填词的互动游戏形式,激活学生旧有知识,复习检测之前学习内容,学生参与度高,为接下来的多元学习做好准备。

◇ 活动特点

同伴学习,全体参与,互动性强,有竞争性。

◇ 活动准备

教师需要根据课堂教学内容,准备用于活动的英文首字母,如图2-8所示,也可以是中文短语的第一个字或者中间的一个字。

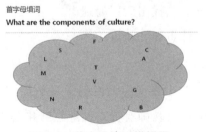

图 2-8　首字母填词样例图

◇ 活动实施(约 10 分钟)

(1)教师将学生分组,3~4 人一组。教师在黑板上写 8 个字母或汉字。

(2)教师指令:"回顾上节课所学内容,每个组写出以这 8 个首字母开头的专业词汇,最先完成的小组,高呼'宾果'(bingo),速度最快错误最少的小组胜出,开始!"

(3)学生小组写 8 个单词。

(4)教师指令:"获胜小组,向全班分享答案。"

(5)教师针对重点、难点进行点评。

◇ 教学案例

课程名称:大学英语

教学对象:二年级非英语专业本科生

班级人数:45 人

教学内容:高语境与低语境文化类型

教学活动:首字母填词(如图 2-9 所示)

图 2-9　首字母填词学生活动样例图

◇ 大班活动变体

可利用网络平台,通过"弹幕"分享同学们的答案,教师进行点评和反馈。

"种草"笔记

活动 13　我画你猜

◇ 活动关键词

应用环节:快速激活☑　多元学习☑　有效测评☑　简要总结☑

参与形式:个人活动☐　两人活动☑　小组活动☑　全班活动☐

能力目标:记忆☑　理解☑　应用☑　分析☐　评价☐　创造☐

学习和创新	数字技能	职业和生活技能
批判性思维☐	信息技能☐	灵活性和适应性☑
解决问题能力☑	媒体技能☐	主动性和自我引导☐
创造性思维和创新能力☑	信息和通信技术☐	跨文化交际能力☐
沟通能力☑		富有生产力/值得信赖☑
协作能力☑		领导力和责任感☑

◇ 活动设计背景

通过简图,重现某一教学内容或要点,激活学生旧知,检测学生理解程度,锻炼学生用可视化的手段再现学习内容的能力,实现主动学习和深度学习。

◇ 活动特点

多感官参与,同伴学习,趣味性强,互动性强。

◇ 活动准备

教师需要提前准备若干 A4 纸并制作关键词卡。

◇ 活动实施(约 10 分钟)

(1)教师将学生分组,每组 3~4 人。

(2)教师指令:"我将给每组发一张关键词卡和一张 A4 纸,关键词卡的内容要对其他组保密。请大家以小组为单位,在 A4 纸上画出关键词的简图,只能画图不能写字。时间 3 分钟,开始！"

(3)小组根据关键词卡绘制简图。

(4)教师指令:"时间到。现在小组依次展示简图图片,请其他小组抢答。答对一图,积一分,积分最多的小组获胜。

(5)猜词结束,教师根据猜词情况重点点评。

扫一扫

观看本活动视频

活动 14　自由写作

◇ 活动关键词

应用环节:快速激活☑　多元学习☐　有效测评☑　简要总结☑

参与形式:个人活动☐　两人活动☑　小组活动☐　全班活动☐

能力目标:记忆☐　理解☑　应用☑　分析☑　评价☑　创造☑

学习和创新	数字技能	职业和生活技能
批判性思维☑	信息技能☐	灵活性和适应性☑
解决问题能力☑	媒体技能☐	主动性和自我引导☑
创造性思维和创新能力☑	信息和通信技术☑	跨文化交际能力☑
沟通能力☑		富有生产力/值得信赖☑
协作能力☑		领导力和责任感☑

◇ 活动设计背景

通过自由写作的方式,快速激活学生已有认知,为多元学习做好准备;也可用于有效测评环节,检测学生的学习效果;也可用于快速总结环节,帮助学生梳理和归纳所学知识。

◇ 活动特点

多感官参与,同伴学习,互动性强。

❋"种草"笔记

◇ 活动实施(约 10 分钟)

(1)教师指令:"现在是自由写作时间,每人写一段话,主题是'脱氧核糖核酸(Deoxyribonucleic Acid,DNA)生物合成',时间 3 分钟,开始!"

(2)学生自由写作。

(3)教师指令:"两人一组,围绕'DNA 生物合成'分享和讨论自由写作内容。时间 2 分钟,开始!"

(4)教师邀请 2 位学生分享自由写作的内容。

(5)教师根据写作内容精讲、点评。

◇ 大班活动变体

利用智慧教学工具(如"雨课堂"等),让学生进行头脑风暴、自由写作,并通过"弹幕"分享同学们的写作内容。

❋ "种草"笔记

活动 15　好消息

◇ 活动关键词

应用环节:快速激活☑　多元学习☐　有效测评☑　简要总结☑

参与形式:个人活动☑　两人活动☐　小组活动☑　全班活动☐

能力目标:记忆☐　理解☑　应用☑　分析☑　评价☑　创造☐

学习和创新	数字技能	职业和生活技能
批判性思维☑	信息技能☐	灵活性和适应性☑
解决问题能力☑	媒体技能☐	主动性和自我引导☑
创造性思维和创新能力☑	信息和通信技术☑	跨文化交际能力☐
沟通能力☑		富有生产力/值得信赖☑
协作能力☑		领导力和责任感☑

◇ 活动设计背景

以情景设置、角色代入的方式,将学科最新科研进展以"好消息"的形式发布,激发学生学习兴趣,实现快速激活。

◇ 活动特点

多感官参与,深度学习,轻松活泼。

◇ 活动准备

教师提前准备与教学内容相关的新闻报道(视频、新闻链接)或文献资料。

◇ 活动实施(约 10 分钟)

(1)教师将学生分组,5~6 人一组。

(2)教师发布教学指令:"现在我将播放一段新闻报道,请同学们观看的同时注意,新闻报道中提到了什么好消息,做好记录。好,请看视频。"

(3)教学指令:"同学们以小组的方式,讨论各自发现的好消息,并汇总成一条好消息,写成一条简讯,字数 100 字以内,时间为 3 分钟,开始!"

(4)学生组内活动,教师巡视监控活动的进展,了解讨论情况。

(5)教师邀请 2~3 组学生代表分享小组"好消息"简讯。

(6)教师针对"好消息"内容,给予反馈和补充。

◇ 大班活动变体

利用网络平台(如"雨课堂"),每个学生提交"好消息"简讯,教师通过"弹幕"分享同学们的"好消息",并进行点评和反馈。

第三章

O-AMAS 之多元学习

（Multi-Learning）

学生"在听课中比在床上时睡的次数还多！"

——埃里克·马祖尔(Eric Mazur)

学生听不懂、听不进、不想听,怎么办?

· 多教学模式,关注学生积极学习体验;

· 多感官参与,动手动脑,听说读写看;

· 多交互对象,多渠道信息交互;

· 多氛围调节,动静结合有开关;

· 多学习层级,目标挑战节节攀。

我们成功地点亮了学生的大脑,激发了学生对学习的兴趣,接下来怎样做能促进学生的学习,为他们提供良好的学习体验,实现我们的教学目标呢? 我们主张多元学习(Multi-Learning)。

一、什么是多元学习

O-AMAS 教学模型中的多元学习(Multi-Learning),是"使用多元化教学法以适应多元化主体的学习", 可以理解为能够实现学生多元学习目标、教学内容、教学方法和教学空间的总和,它是以学生为中心的整体教学设计理念不可缺少的原则,也是我们以学习者为中心的教学实践中至关重要的一环,如图 3-1 所示。

图 3-1　多元学习的"多"

(一)学生学习需求和学习特点的多元化

区别于传统的"以教师的教"为核心的教学,我们主张学生是学习的主体,知识、技能和态度等是学习的客体,教师扮演的是引导、辅助、带领、支撑学生学习的多重角色。无论什么样的教学设计,一定是以学生的学为出发点,以最大程度促进学习的效率和学生的发展为出发点。多元化的学生,对应着多元化的学习目标诉求,也意味着多样化的学习风格和学习策略等,这无疑对教师提出了严峻的挑战。我们必须在传统的单一教学模式之外,寻找能够适应和满足学生多样化学习、个性化学习需求的教学模式和方法。

(二)学习目标和学习方式的多元化

多元学习(Multi-Learning)是一种多层次、多维度的教学,学习的目标和学习结果涵盖情感态度、技能方法、知识等多维度,包括记忆、理解、运用、分析、综合、创造等多层次,是一种立体多层次的学习。

实践中,一些教师常常困惑:这个知识点我讲过的呀,那个内容我在课堂上分析过的呀,为什么换一个方式,学生就不会了呢?为什么学生不会把以往的知识关联起来做综合分析呢?……然而如果我们反思一下就会发现,如果教学目标是学生能够形成应用能力,那么直接讲授就不是培养应用能力的最佳方式;如果教学目标是形成分析能力,那么直接教授也不是最有效的学习活动。甚至说,如果教师的教学目标是学生能够记住一些内容,处于记忆层级,教师的直接讲授也是很难实现这个目标的。因此当学生没能有效实现教学目标的时候,教师往往要反思一下,我们的教学内容、教学方法甚至是评价标准是否能有效地帮助学生实现目标。如何采用多元教学方式,在教学中潜移默化地示范、引导学生,并让学生充分实践,是我们在这一章主要讨论的问题。

(三)教学内容、方式和评价的多元化

实现多元化教学目标的途径,即教学内容、教学活动、教学评价等的多元化。多样化的学生产生多样化的学习需求,知识、技能和意愿的多维度和学习目标的多层次,意味着需要多元化的实现路径。我们主张提供多种教学资源,调动学生多种感官系统,动静结合进行学习活动设计,并结合多元化的目标设计教学评价。

我们提倡的多元教学,既是"为多元智力而教学"(Teaching & Learning for Multiple Intelligences),强调课程开发、设计和教学策略需要面向多元智能的培育;也是"用多元智力来教学"(Teaching & Learning through Multiple Intelligences),强调方法和手段,教学设计应该通过多种智力来实现促进多元能力提升。

简而言之,从广义上看,多元学习应该是目标多元、内容(资源)多元、方式多元和评价多元,即涵盖目标、学习内容(资源)、学习方式等的整体教学理念和教学实践。具体到教师和教学设计层面,此处的多元学习/教学强调教学内容(资源)、教学方式(策略)的多元化,而将教学目标的多元化视为多元教学的出发点,评价的多元化视为多元教学的延伸。

二、为什么要倡导多元学习

多元学习是学习过程的内在要求,也是以学生为中心的教学的体现。多样化的学生产生多样化的学习需求,知识、技能和意愿的多维度和学习目标的多层次,意味着需要多元化的实现路径。

(一)学生主体多元

学习主体的多元化决定了多元学习的必要性。随着中国经济社会的快速发展和变革,高等教育受众群体的差异性和多样性日益明显。

作为学习主体的大学生,在其自然属性、社会属性(如民族、宗教、信仰、社群等)和学习属性(包括学习起点、学习目的和动机、元认知能力、学习风格、方法和策略)方面的差异日益明显,这些无不对传统的"以教师为中心,以讲授为主要形式"的直接教学模式和教学方法提出了挑战。以"学生为中心"的教学理念转变意味着教育实践必须进行相应的变革,"因人施教"的总体目标意味着教育教学过程和方法的多元化。

(二)人才培养目标多元

人才培养目标是教学的指挥棒,需要围绕学生发展的各项目标确定学习内容(课程),制订具体的学习目标,选择学习方式和组织学习活动。

具体到南开大学的教育实践,以学生发展为中心需要实现"允公"(满足社会需要)和"允能"(满足学生自我发展的需要),实现学生身心健康和智力能力的全面发展。例如,要培养学生的集体意识和合作精神,需要在教学中采用相应的合作教学、小组学习等手段和方法来充分锻炼;要培养学生的创新意识,就应提供更多能够激发学生批判性思维的教学内容和材料,鼓励学生采用动手实践、辩论等具体的学习手段和方法;等等。我们希望培养学生哪方面的能力,在教学过程中就要给予相应的指导、练习。

(三)学生学习方式多元

当代认知科学和教育心理学的发展,为开展多元教学提供了坚实的理论支撑。

第一,学生具有多元智能维度。

加特纳(Gardner,1985)指出一个人的智能水平可分为:音乐智能、身体运动智能、数学逻辑智能、语言智能、空间智能、人际关系智能、自我认识智能等几个方面。这些智能因素多维度地表现出来,相互促进,相互关联,任何一种智能的发展都会带动其他智能的发展。多元学习的目的是要促进人的各种智能的全面发展,而不是单一的某项智能的发展。教师应该通过从教学内容、教学方式、教学活动设计等方面,全面促进学生多元智能发展。

第二,学生的学习偏好和学习风格揭示了学生学习方式的多元性。

教育心理学揭示了学习者存在多样的学习风格,不同的学习者可能在学习中呈现出不同的偏好模式,包括"吸收信息"的方式以及"加工处理信息"——记忆、理解和应用的方式。例如, 从吸收信息的渠道——感官系统角度, 学习者可以分为 "视觉型""动觉型""听觉型""触觉型""综合型";从对环境的感知和依赖角度,学习者可分为"场独立型"和"场依存型";从脑组织运用角度来看,可分为"左脑型——抽象思维"和"右脑型——感官体验"以及"左右脑综合型";而从学习周期的路径来看,科尔伯(Kolb,2005)指出不同的学习者在体验、观察、概括、实践四个方面存在不同的路径安排;等等。

既然学习者具有众多的风格和类型, 在教学中使用同质性的、一成不变的方法,就很难形成良好的学习效果。教师有意识地使用多种教学方法,提供多种教学媒介(资料),设计多种教学体验(动手实践、小组讨论、同伴相互学习等)将有助于兼顾多种类型学习者,提升学习的效果。

三、如何实现多元学习

(一)多元学习的实施原则

1. 学生主动学习优先原则

认知理论和学习科学的研究结果表明,不同类型的学习方式对学习内容的吸收效果(内容平均留存率)的影响存在差异(见图 3-2"学习金字塔")。在以教师为中心的教学中,学习者缺乏选择权,主要是被动学习,例如听讲,听音频,阅读文字,看图片、图表、视频、演示等,然而学生没有经过自身的信息深加工和转化过程,往往学习效果不尽如人意;而通过讨论、动手实践以及教授给别人等主动学习的方式,将更有助于加深学生对学习内容的理解,提高学生学习的效果。

图 3-2　学习金字塔

我们倡导以学习者为中心的主动学习,主张在教师给予良好学习指导的前提下,将学习的选择权和自主权交给学生。在教学设计时,要尽可能考虑到学生的差异性,尽可能多地让学生进行效率高的主动学习活动,比如小组讨论、合作学习、同伴教学、实际动手操作、演示等。当然,主动学习对学习者的约束和要求可能更高,例如学生在不了解一些基本原理的前提下,根本无法进行演示、讨论或教授给别人等更主动的学习;自学能力较差的学生也无法从更主动的学习中获益;等等。因此,以学生为中心的教学,应该实事求是,充分结合各类教学/学习的优点,实现学习方式的多元化。

2. 多感官参与原则

从普遍的学习规律来看,不同感官参与的学习过程,学习效率不同。当多种感官指向同一学习内容时,学习的效果会成倍增加。教师在设计教学方式和活动时,要注意尽可能调动学生的各种感官同时参与。

以播放视频并布置讨论为例,教师需要设置提问清单:该视频是否形象生动地展示了与教学相关的内容？是否能调动视觉、听觉等多感官认知？视频图像是否清晰？声音是否清楚？围绕该视频准备的问题是否能够引起学生的兴趣？布置的小组讨论是否能引发真正的争议或深入的思考？如何有效组织小组讨论？……

3. 多模式互动原则

"多模式互动"是指将大班教学、小组学习和个别化学习三种教学形式结合起来的教学模式。在这种教学组织形式中,大班教学是所有学生一起上课;小组学习是把大班的学生分为小组,研究和讨论大班授课材料;个别化学习是由学生独立完成学习和相关作业。这三种教学模式各有其优点,实际教学设计中,要注意三种组织形式的综合运用。

4. 资源多元化原则

在网络时代,教师要学会灵活利用网络上现有的丰富的教学资源,提高学生学习的效率和学习的热情。教师可以根据需要，自制或优选学科内容的微课、慕课,熟练掌握信息搜寻、整理和呈现技能,有意识地搜集与教学相关的资料和素材,例如时事热点、影视片段、图片文字资料等,建立自己的多元化教学资源库,丰富教学资源和内容。

在课堂上，教师可以尽可能多地带领学生进行一些网络无法实现的、人与人之间互动性更强的学习活动,帮助学生发展高层次的认知能力,建立同伴之间的友谊和学生的集体归属感,锻炼学生的表达能力、人际交往能力、解决实际问题的能力。

(二)多元学习的具体方法

多元学习中,教师将根据不同学科特点和不同类型知识/能力的客观要求,从教学目的出发,综合将自主学习、合作学习、探究式教学同直接教学等方式相结合,实现学生知识、能力、态度、技巧的提升。

从教学理论与实践中，我们总结和归纳出一些公认的有效教学方法包括但不限于：

1. 可视化教学(visual representations)，特点是使用大量的图表，如思维导图、逻辑树、时间轴、数据图等，呈现概念、知识、信息的基本特征，特别是这些内容的相互关联性。

2. 模拟学习(simulations based learning)，有时候因为成本、安全等方面的原因，很难让学生在真实的场景中进行实际操作，例如在飞行仪器控制、医学、金融交易等领域，通常会采用模拟系统实现基础技能的训练，模拟可能出现的问题，锻炼技能，常见的如股票模拟交易软件、模拟太空舱等。

3. 问题或项目式学习(problem based/project based learning)，从学习或具体需要解决的问题入手，学生在学习过程中需要运用基本原理和方法解决某一个问题。

4. 游戏式学习(games/gamification)，把学习的过程组织为一种学生可以全体参与的游戏，比如把一个复杂问题的答案设置为"宝箱"，学生需要用不同的知识和技能"通关寻宝"。

5. 团队合作学习(team-based learning)，学生必须与同伴合作才能获得知识，解决问题。

6. 翻转课堂(flipped learning)，把原来在课上呈现的内容以资源的形式放在线上，让学生自学；而把原来在课下要求学生做的作业、任务，翻转为课上的学习活动。

7. 叙事式学习(narration learning)，用讲故事的方式来学习，比如把童话故事"3只小猪盖房子"贯穿于金融风险管理的课堂，让学生评估3只小猪借贷的风险。

除此之外，还有很多新的教学方法和手段，以及传统的教学方法如直接讲授、动手实验、专家对学生一对一的学徒制教学等，只要围绕教学目标设计得当，也能够成为有效教学的方式。

一花独放不是春，没有任何一种教学方式适用于所有的教学，但

是有效教学的基本原则是一致的,即以学生的学为中心,围绕教学目标
(学习结果),设计多元化的教学内容、教学活动,提供丰富多彩的教学
资源和环境,实现多元化的教学。

在本章中,你将了解到 34 种多元学习的方法。

四、O-AMAS 多元学习活动

活动16　概念听写

◇ 活动关键词

应用环节:快速激活☐　多元学习☑　有效测评☑　简要总结☐

参与形式:个人活动☑　两人活动☑　小组活动☑　全班活动☐

能力目标:记忆☐　理解☑　应用☑　分析☑　评价☑　创造☐

学习和创新	数字技能	职业和生活技能
批判性思维☐	信息技能☐	灵活性和适应性☐
解决问题能力☐	媒体技能☐	主动性和自我引导☑
创造性思维和创新能力☐	信息和通信技术☐	跨文化交际能力☐
沟通能力☑		富有生产力/值得信赖☑
协作能力☑		领导力和责任感☐

◇ 活动设计背景

用听写概念活动替代教师直接讲授概念, 可以有效完成与记忆层
级认知目标相关的教学,激发学生学习兴趣,提升课堂学习参与度,提
高学习效率。

◇ 活动特点

多感官参与,听觉、视觉和动觉综合运用。

◇ 活动准备

教师需要准备与教学内容相关的核心概念及其释义。

"种草"笔记

◇ 活动实施(约 10 分钟)

(1)教师指令:"现在我们做一个关于'定积分的概念'听写活动。我一共读两遍。我读第一遍的时候,大家的主要任务是了解内容全貌,可记录关键词。我读第二遍的时候,大家的主要任务是记录,尽可能快速记录细节内容。大家准备好纸和笔。"

(2)教师指令:"现在朗读第一遍。"

(3)教师第一遍朗读。

(4)教师指令:"现在朗读第二遍。"

(5)教师第二遍朗读。

(6)学生速记完毕,两人配对交流,互相核对并补充内容。

(7)教师在幻灯片中公布朗读的内容,学生再次核对。

(8)教师讲解概念定义中的难点和重点。

❋ "种草"笔记

活动 17　速记抢答

◇ 活动关键词

应用环节:快速激活☑　多元学习☑　有效测评☑　简要总结☐

参与形式:个人活动☑　两人活动☑　小组活动☑　全班活动☐

能力目标:记忆☑　理解☑　应用☐　分析☐　评价☐　创造☐

学习和创新	数字技能	职业和生活技能
批判性思维☐	信息技能☐	灵活性和适应性☑
解决问题能力☐	媒体技能☐	主动性和自我引导☑
创造性思维和创新能力☐	信息和通信技术☐	跨文化交际能力☐
沟通能力☑		富有生产力/值得信赖☑
协作能力☑		领导力和责任感☑

◇ 活动设计背景

用听写概念活动替代教师直接讲授概念,可以有效完成与记忆、理解层级认知目标相关的教学。通过抢答,激发学生的学习兴趣,调动学生的积极性,提升课堂参与度。

◇ 活动特点

多感官参与,同伴学习。

◇ 活动准备

教师需要准备与教学内容相关的核心概念及其释义等。如自然语言处理的概念:自然语言处理是语言学、计算机科学和人工智能的一个分支,研究使用计算机自动或半自动地处理、理解、分析以及运用人类语言。它主要研究人与计算机之间使用自然语言进行有效通信的各种理论和方法。其目标是让计算机能够"理解"自然语言,代替人类执行语言翻译和问题回答等任务。

◇ 活动实施(约 10 分钟)

(1)教师将学生分成小组,4~5 人一组。

(2)教师指令:"现在我们做一个关于'自然语言处理'概念的听写。我一共读两遍。我读第一遍的时候,大家的任务是了解内容全貌,可记录关键词。我读第二遍的时候, 大家的任务是尽可能快速记录细节内容。两遍读完后,大家听我的问题,开始抢答,正确次数最多的小组胜出。大家准备好纸和笔。"

(3)教师发布指令:"现在朗读第一遍。"

(4)教师第一遍朗读。

(5)教师发布指令:"现在朗读第二遍。"

(6)教师第二遍朗读。

(7)教师发布指令:"30 秒时间,完善听写内容。"

(8)教师发布指令:"第一题,开始抢答。"学生开始抢答。教师公布答案。

(9)按照第(8)步再进行 3 次,共计 4 个问题。

(10)教师讲解概念定义中的难点和重点。

活动18　概念配对

◇ 活动关键词

应用环节:快速激活☐　多元学习☑　有效测评☑　简要总结☐

参与形式:个人活动☐　两人活动☐　小组活动☑　全班活动☐

能力目标:记忆☐　理解☑　应用☑　分析☑　评价☑　创造☐

学习和创新	数字技能	职业和生活技能
批判性思维☑	信息技能☐	灵活性和适应性☑
解决问题能力☑	媒体技能☐	主动性和自我引导☑
创造性思维和创新能力☑	信息和通信技术☑	跨文化交际能力☐
沟通能力☑		富有生产力/值得信赖☑
协作能力☑		领导力和责任感☑

◇ 活动设计背景

通过视觉、动觉、听觉多感官参与,以小组合作的形式,完成对记忆、理解层级认知目标的学习,提高学生参与度和学习主动性。

◇ 活动特点

多感官参与,主动学习,同伴学习,全体参与,操作简便,反馈及时。

◇ 活动准备

教师提前设计并打印与教学内容相关的概念及其释义或例子,裁剪后,分类夹好,如图3-3所示。

◇ 活动实施(约 10 分钟)

(1)教师将学生分组,5~6 人一组。

(2)教师指令:"每组发一套概念及对应的释义纸条。以小组为单位,在最短时间内完成概念和释义配对。开始!"

(3)学生组内完成概念配对,教师巡视监控活动进展,了解学习情况。

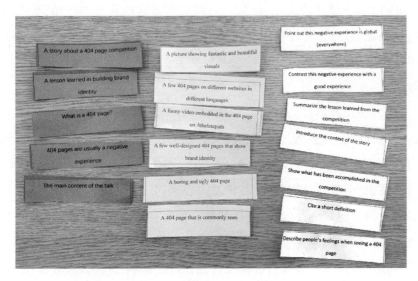

图 3-3　概念配对字条样例图

(4)教师公布正确答案。

(5)学生根据教师的正确答案修改组内答案并讨论。

(6)教师针对难点、重点精确点评。

◇ 大班活动变体

(1)教师完成学生分组。利用网络平台 quizlet(一款用于创建和归类在线记忆卡的应用),将概念及其释义分别输入平台。

(2)学生用手机完成配对,平台自动对结果做出判断并计分。

◇ 教学案例

课程名称:生物化学

教学对象:医学院大学二年级专业必修课

班级人数:45 人

教学内容:《基因表达调控》序言部分的新概念

教学目标:通过学习,学生能够辨析概念间的异同,对概念及其释义进行正确配对。

教学活动:概念配对

（1）活动设计背景：《基因表达调控》序言这一章节的开始，有大量的新概念，但是学习难度不大。采用"概念与释义配对"活动，学生在小组合作中通过同伴学习，可以大大激发学生主动参与，提高学生的学习效率。

（2）活动准备

①打印需要掌握的概念和释义的纸条若干份，每组一份；打印时预留行间距便于剪裁。比如打印以下概念：基因组，基因表达，持家基因，奢侈基因，组成性基因表达，差别基因表达，基因表达的时间特异性，基因表达的空间特异性，基因表达调控。如果材料允许，也可使用不同颜色彩纸打印概念和释义。

②每份概念和释义打乱顺序后，用燕尾夹或者曲别针夹好备用，每组一份。

（3）活动实施

①教师将学生分组，4~6人一组。

②教师指令："以小组为单位，大家合作把概念和释义根据小组讨论的结果进行搭配。可以借助教材、课前资源等。时间4分钟，开始！"

③教师分发夹好的概念和释义，每组一份。分发完毕，计时开始。

④学生通过讨论，查阅课本和资料等完成配对活动。

⑤教师公布正确答案，学生根据教师的正确答案修改小组答案。

⑥教师根据活动中反映出的问题进行适当的讲解。

扫一扫

观看本活动视频

✿ "种草"笔记

活动19　知识卡排序

◇ 活动关键词

应用环节：快速激活☑　多元学习☑　有效测评☑　简要总结☑

参与形式：个人活动☑　两人活动☑　小组活动☑　全班活动☐

能力目标：记忆☐　理解☑　应用☑　分析☑　评价☑　创造☐

学习和创新	数字技能	职业和生活技能
批判性思维☑	信息技能☐	灵活性和适应性☐
解决问题能力☑	媒体技能☐	主动性和自我引导☑
创造性思维和创新能力☑	信息和通信技术☐	跨文化交际能力☐
沟通能力☑		富有生产力/值得信赖☑
协作能力☑		领导力和责任感☑

◇ 活动设计背景

研究表明直接讲授并非实现记忆层级认知目标的最有效方式。此活动变学生被动听讲为主动解决问题,增强其成就感和胜任感,提高沟通和协作能力。教师也可快速了解学生对知识点的掌握情况,有针对性地进行讲解。

◇ 活动特点

多感官参与,全员参与,有竞争性。

◇ 活动准备

(1)教师准备几个存在一定逻辑关系的概念、原理或操作流程或工艺的步骤等。

(2)根据小组数量,打印若干份内容,按条目裁开后打乱顺序,用夹子夹好,每组一份备用。

◇ 活动实施(约10分钟)

(1)教师将全班分成若干小组,每组4~5人。

(2)教学指令:"现在我们做'排序'活动。每组将拿到一份打乱顺序的卡片,请大家在查阅资料或小组讨论后,按一定的顺序排好。完成任务的小组举手示意。活动时间4分钟。"

(3)教师给每组分发一份材料卡片,宣布活动开始。同学组内查资料或讨论,按教师要求的标准进行排序。

(4)教师邀请正确答案组分享答案,学生核对和修正。

(5)学生组内讨论卡片内容的细节,教师巡回观察收集难点和重点。

(6)教师针对难点和重点,总结点评并精讲。

◇ 大班活动变体

(1)教师通过智慧教学工具给每组发放学习材料。

(2)学生根据学习材料内容,制作排序卡,供其他小组使用。

(3)学生直接在教学平台上完成相关内容排序。

◇ 教学案例

课程名称:数据结构与算法

教学对象:本科一年级非计算机专业理工类通识必修课。学生已经学习过《计算机基础》,掌握了使用 C++ 编写程序的基本方法。

班级人数:50~100 人

教学目标:理解哈夫曼(Huffman)编码算法(如图 3-4 所示)。

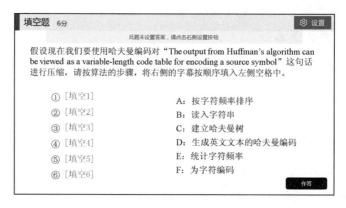

图 3-4　知识卡排序:哈夫曼(Huffman)编码算法样例图

教学活动:知识卡排序

可将概念制作成纸条,以小组为单位,手动完成知识卡排序。也可使用智慧教学工具,制作连线题,发送题目,由同学分组讨论并在线提交答案。

活动设计背景:哈夫曼(Huffman)编码算法是基于二叉树构建编码

压缩结构的,它是数据压缩中的一种经典算法。但是直接讲授,学生处于被动学习状态,参与度较低。通过知识排序,实现主动学习、协作学习。

活动 20 概念面试

◇ 活动关键词

应用环节:快速激活☑ 多元学习☑ 有效测评☑ 简要总结☑

参与形式:个人活动☐ 两人活动☐ 小组活动☑ 全班活动☐

能力目标:记忆☐ 理解☑ 应用☑ 分析☑ 评价☑ 创造☑

学习和创新	数字技能	职业和生活技能
批判性思维☑	信息技能☐	灵活性和适应性☑
解决问题能力☐	媒体技能☑	主动性和自我引导☑
创造性思维和创新能力☑	信息和通信技术☐	跨文化交际能力☑
沟通能力☑		富有生产力/值得信赖☑
协作能力☑		领导力和责任感☑

◇ 活动设计背景

身临其境的感受能力对于学生的想象力和创造力非常重要。活动中,学生把自己想象成所学概念或人物本身,以所学概念或人物的视角陈述其相关信息,学生在新奇、轻松、愉快的氛围中快速掌握所学科学知识的同时也培养学生的同理心和感受力,课堂气氛活跃,学生印象深刻。

◇ 活动特点

操作简便,互动性强,趣味性强。

◇ 活动实施(约 12 分钟)

(1)教师将学生分组,每组 4~5 人。

(2)教师指令:"下面的活动叫大分子'概念面试'。每组选一位同学

✤ "种草"笔记

当面试官,其余同学每人选择一个概念作为面试者,这些概念分别是多糖、蛋白质、脂肪和维生素。选好概念后,将概念写在便利贴上,贴在自己胸前。"

(3)学生写概念,贴便利贴。

(4)教师指令:"现在,概念面试者依次和面试官面试,面试者要做自我介绍、自我特征陈述。面试官可以在发言后提出一个问题。时间5分钟,开始!"

(5)小组进行面试对话。教师在组间巡视,收集有创意的小组对话。

(6)教师根据收集信息情况,挑选1~2组全班分享。

(7)教师对大分子概念掌握情况进行重点点评和反馈。

✿ "种草"笔记

活动 21　身体排队

◇ 活动关键词

应用环节:快速激活☑　多元学习☑　有效测评☑　简要总结☐

参与形式:个人活动☐　两人活动☐　小组活动☑　全班活动☐

能力目标:记忆☐　理解☑　应用☐　分析☑　评价☐　创造☐

学习和创新	数字技能	职业和生活技能
批判性思维☑	信息技能☐	灵活性和适应性☑
解决问题能力☐	媒体技能☐	主动性和自我引导☑
创造性思维和创新能力☐	信息和通信技术☐	跨文化交际能力☐
沟通能力☑		富有生产力/值得信赖☑
协作能力☑		领导力和责任感☑

◇ 活动设计背景

对于程序性知识,通过身体排队活动,既可以提升学习过程的趣味性,提升课堂活跃度,解决学生参与度低的问题,也可以调动学生的动觉,促进多感官学习,解决学生单纯听讲学习效率低的问题。

◇ 活动特点

多感官参与,全体参与,趣味性强,操作简便,互动性强。

◇ 活动准备

程序性知识的资料卡片。

◇ 活动实施(约8分钟)

(1)教师将学生分组,每组获得一套程序性知识的资料卡片,例如实验的操作流程。组内一人为组长,其余学生每人一张卡片。

(2)教师指令:"组内同学快速沟通,根据卡片上的目标和内容,按正确的顺序站好,将卡片举在胸前。开始!"

(3)学生快速排队。

(4)教师指令:"每组组长,随机到其他组观察,对比自己组和其他组排序的异同,回本组确认是否需要调整排序。"

(5)教师抽取一组,共同回顾整个程序性知识排序过程,针对难点、重点进行点评和讲解。

活动22　康奈尔笔记

✿ "种草"笔记

◇ 活动关键词

应用环节:快速激活☐　多元学习☑　有效测评☑　简要总结☐

参与形式:个人活动☑　两人活动☑　小组活动☐　全班活动☐

能力目标:记忆☐　理解☑　应用☑　分析☑　评价☑　创造☐

学习和创新	数字技能	职业和生活技能
批判性思维☑	信息技能☐	灵活性和适应性☑
解决问题能力☑	媒体技能☐	主动性和自我引导☑
创造性思维和创新能力☑	信息和通信技术☐	跨文化交际能力☐
沟通能力☑		富有生产力/值得信赖☑
协作能力☑		领导力和责任感☑

◇ 活动设计背景

教师直接讲授过程中,为避免学生注意力分散,可指导学生按照一定结构要求完成笔记,促使学生在认真听课的同时,运用视觉、听觉等实现多感官学习,有利于提高听课效率,促进知识内化,实现多元学习的目标。

康奈尔笔记法,把一页纸分成三部分(如图 3-5 所示):右上最大的空间为随堂笔记区,左边四分之一的空间为线索栏,下方五分之一的空间为总结区,后两者用于学生自我复习时整理思路、总结和反思。除与讲授法结合使用外,康奈尔笔记法还可以与阅读、看视频、看演示等其他被动学习方式一起使用,促进知识内化吸收。

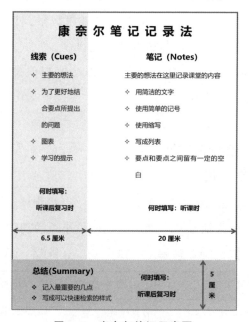

图 3-5 康奈尔笔记示意图

◇ 活动特点

多感官参与,同伴学习和个人学习相结合,互动性强。

◇ 活动实施(约 10 分钟)

(1)教师指令:"请同学们按照康奈尔笔记的模式,把笔记本的一页分成三个区域:记录区、线索区和总结区。听讲的时候,请同学们在'记录区'做笔记。"

(2)学生在笔记本上分区。

(3)教师指令:"下面我要开始讲授关于'剖面图'的内容,请大家在记录区记录要点。"

(4)教师讲授一个知识点,学生在记录区做笔记。

(5)教师指令:"同桌两两结对,交换笔记,查漏补缺,简短讨论,时间 2 分钟。"

(6)学生两两交换笔记,简短讨论。

(7)教师指令:"同桌讨论,给该知识点总结 3~4 个关键词,填在线索区。时间 1 分钟。"

(8)学生两两结对,在线索区总结索引词。

(9)重复上述步骤,学习下一知识点。

(10)教师指令:"请大家用 1~2 句话在总结区总结本次课所学内容,以及你的感想或收获。"

(11)学生在总结区写总结,教师请 1~2 位学生分享自己的总结。

(12)教师根据学生学习情况进行点评和反馈。

◇ 大班活动变体

集体分享的环节可以改为在教学平台上传后，通过大屏幕分享，也可以让学生之间互评。

扫一扫
观看本活动视频

活动 23　空白笔记填空

◇ 活动关键词

❋ "种草"笔记

应用环节:快速激活☐　多元学习☑　有效测评☑　简要总结☑

参与形式:个人活动☑　两人活动☐　小组活动☑　全班活动☐

能力目标:记忆☑　理解☑　应用☑　分析☑　评价☑　创造☐

学习和创新	数字技能	职业和生活技能
批判性思维☑	信息技能☐	灵活性和适应性☑
解决问题能力☑	媒体技能☐	主动性和自我引导☑
创造性思维和创新能力☑	信息和通信技术☐	跨文化交际能力☐
沟通能力☑		富有生产力/值得信赖☑
协作能力☑		领导力和责任感☑

◇ 活动设计背景

和康奈尔笔记法类似,空白笔记法是提升讲授法课堂效率的一种方式。教师讲到某个重要知识点内容时,学生边听边在留有空白的笔记上填空,提高学生学习效果,促进知识内化,实现多元学习的目标。与康奈尔笔记法类似,空白笔记法也可以结合阅读、看视频、看演示等其他被动学习方式一起使用。

◇ 活动特点

全体参与,个人学习和同伴学习相结合,操作简便。

◇ 活动准备

教师需要提前打印带有空格的重点文本、表格(如表 3–1 所示)、图片注释(如图 3–6 所示),每人一份。

表 3–1　乳糖操纵子受阻遏蛋白和分解代谢基因激活蛋白的双重调节样例表

葡萄糖	乳糖	基因开放情况	简单机理
×	×		
√	×		
×	√		
√	√		

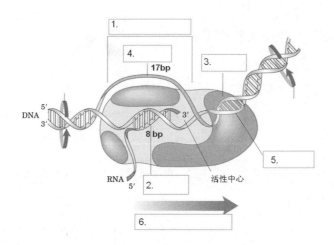

图 3-6　带空格的图片注释

◇ 活动实施(约 10 分钟)

(1)教师指令:"下面我要讲授关于'蛋白质的合成:多肽链的延长'的内容,请同学们边听讲边完成这份空白笔记。"

(2)教师下发资料,人手一份。

(3)教师讲授知识点,学生完成空白笔记。

(4)教师指令:"同桌两两结对,交换笔记,查漏补缺,简短讨论,时间 2 分钟。"

(5)学生两两交换笔记,简短讨论。

(6)教师请 1~2 位学生分享自己的笔记。

(7)教师点评和反馈。

◇ 大班活动变体

(1)大班学生人数较多时,可提前通过网络给学生发送电子版的空白笔记,学生自行打印,课上使用。

(2)教师也可用网络工具或教学平台,让学生在线完成空白笔记的填写。

✿"种草"笔记

◈ 活动24 支架式思维导图

◇ **活动关键词**

应用环节:快速激活☐ 多元学习☑ 有效测评☑ 简要总结☐

参与形式:个人活动☑ 两人活动☐ 小组活动☑ 全班活动☐

能力目标:记忆☐ 理解☑ 应用☑ 分析☑ 评价☑ 创造☐

学习和创新	数字技能	职业和生活技能
批判性思维☑	信息技能☐	灵活性和适应性☑
解决问题能力☑	媒体技能☐	主动性和自我引导☑
创造性思维和创新能力☐	信息和通信技术☐	跨文化交际能力☐
沟通能力☑		富有生产力/值得信赖☑
协作能力☑		领导力和责任感☑

◇ **活动设计背景**

支架式思维导图活动设计与空白笔记填空活动(活动23)类似,不同点在于笔记的形式是未完成的思维导图而非纯文字或纯图片。支架式思维导图作为尚未完成的思维导图,教师提供了思维导图的基本框架,学生只需要填空即可。此活动可作为训练学生制作思维导图的重要工具。

◇ **活动特点**

多感官参与,同伴学习,学习成果可见,趣味性较强。

◇ **活动准备**

提前设计、打印与教学内容相关的带有空格的思维导图,每人一份。

◇ **活动实施(约10分钟)**

(1)教师指令:"这是一份支架式思维导图(如图3-7所示),该图已经列出了中心词、一级分支、二级分支等结构和部分内容,请同学们边听讲边完成这份支架式思维导图。"

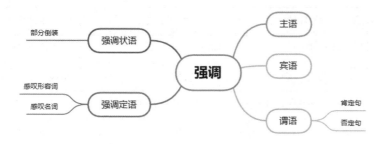

图 3-7　支架式思维导图样例图

(2)教师下发资料,一人一份。

(3)学生听讲的同时,完成支架式思维导图。

(4)教师指令:"同桌两两结对,交换支架式思维导图,查漏补缺,简短讨论,时间 2 分钟。"

(5)学生两两交换笔记,简短讨论。

(6)教师请 1~2 位学生分享自己的思维导图。

(7)教师就发现的难点和重点进行点评和反馈。

◇ 大班活动变体

大班学生人数较多时,可考虑利用"雨课堂"等网络工具。学生在平台提交作品,教师可以通过"弹幕"投屏等分享同学们的思维导图,并进行交流和讨论。

扫一扫

观看本活动视频

活动 25　快速写作

❋ "种草"笔记

◇ 活动关键词

应用环节:快速激活☐　多元学习☑　有效测评☑　简要总结☑

参与形式:个人活动☑　两人活动☑　小组活动☑　全班活动☐

能力目标:记忆☑　理解☑　应用☑　分析☑　评价☑　创造☐

学习和创新	数字技能	职业和生活技能
批判性思维☑	信息技能☐	灵活性和适应性☑
解决问题能力☑	媒体技能☐	主动性和自我引导☑
创造性思维和创新能力☐	信息和通信技术☐	跨文化交际能力☐
沟通能力☑		富有生产力/值得信赖☑
协作能力☑		领导力和责任感☑

◇ 活动设计背景

快速写作是提升讲授法课堂效率的一种学习活动。当教师讲完某个重要知识点内容后,留出 3~5 分钟的时间,让学生通过"快速写作"活动写一小段总结,反思和消化教师讲授的内容,提升学生学习参与度和主动性,提高学习效率。

◇ 活动特点

多感官参与,同伴学习,互动性强。

◇ 活动实施(约 10 分钟)

(1)教师指令:"下面我要讲授'利用球面坐标计算三重积分的公式与步骤',请同学们边听讲边记录要点。讲解结束后,同学们要完成'快速写作'活动,把我所讲的内容用 5~8 句话概括。"

(2)教师讲授知识点,学生记录要点。

(3)教师指令:"同学们把我所讲的内容,用 5~8 句话概括后,快速写出来。时间 4 分钟。"

(4)学生开始"快速写作",教师巡视教室,了解学生写作情况。

(5)学生写作完成后两两结对,进行交流,或以小组的形式在组内分享。

(6)教师随机邀请 2~3 名学生展示快速写作内容,并给予精确反馈、点评。

◇ 大班活动变体

大班学生人数较多时,可考虑利用"雨课堂"等网络工具,学生提交作品,教师可以通过"弹幕"投屏等分享同学们的写作,并进行交流和讨论。

活动26　快速绘画

◇ 活动关键词

应用环节:快速激活☐　多元学习☑　有效测评☑　简要总结☐

参与形式:个人活动☑　两人活动☐　小组活动☑　全班活动☐

能力目标:记忆☐　理解☑　应用☑　分析☑　评价☑　创造☑

学习和创新	数字技能	职业和生活技能
批判性思维☑	信息技能☐	灵活性和适应性☑
解决问题能力☑	媒体技能☐	主动性和自我引导☑
创造性思维和创新能力☑	信息和通信技术☐	跨文化交际能力☑
沟通能力☑		富有生产力/值得信赖☑
协作能力☑		领导力和责任感☑

◇ 活动设计背景

快速绘画的活动设计目的和功能与快速写作类似,不同之处在于快速绘画是通过可视化的方法重现教师讲授的内容,深化学生对内容的理解,通过对知识的重构和再加工,提升学生思维的高阶性。

◇ 活动特点

多感官参与,同伴学习,趣味性较强。

◇ 活动准备

提前设计、准备一个与教学目标相关的重要概念、原理或流程等。

◇ 活动实施(约10分钟)

(1)教师指令:"下面我要讲授关于'气体和蒸汽稳定流动的基本原

"种草"笔记

理和控制方法'的内容,请同学们边听讲边记录要点,同时思考,如何把我所讲的内容用一幅简图概括。"

(2)教师讲授知识点,学生记录要点。

(3)教师指令:"请同学们把我所讲的内容用一幅简图画出来。时间4分钟。"

(4)学生快速绘画,教师巡视教室,了解学生的绘画情况。

(5)学生完成后两两结对,进行交流,或以小组的形式在组内分享。

(6)教师随机邀请2~3名学生展示分享简图,并给予点评反馈。

◇ 大班活动变体

大班学生人数较多时,可考虑利用"雨课堂"等网络工具,学生或小组提交作品,教师可以通过"弹幕"投屏等分享同学们的绘画作品,并进行交流和讨论。

❋ "种草"笔记

活动 27　你听到了什么

◇ 活动关键词

应用环节:快速激活☐　多元学习☑　有效测评☑　简要总结☑

参与形式:个人活动☑　两人活动☐　小组活动☑　全班活动☐

能力目标:记忆☑　理解☑　应用☐　分析☐　评价☐　创造☐

学习和创新	数字技能	职业和生活技能
批判性思维☑	信息技能☐	灵活性和适应性☑
解决问题能力☐	媒体技能☐	主动性和自我引导☑
创造性思维和创新能力☑	信息和通信技术☐	跨文化交际能力☑
沟通能力☑		富有生产力/值得信赖☑
协作能力☑		领导力和责任感☑

◇ 活动设计背景

教师直接讲授是课堂教学中常见的一种教学方式。但是往往存在学生注意力随着时间推进不断衰减的情况。在教师直接讲授前设置明确任务"你听到了什么"活动,教师直接讲授后,学生总结归纳所学知识,提取复现信息,加强对知识的记忆和理解。学生间对所听到内容的交流和分享,可以使他们主动获得更多的信息,提升学习效果。教师可以及时了解学生对内容的掌握情况,提高教学效率。

◇　活动特点

多感官参与,主动学习,同伴学习,操作简便。

◇　活动实施(约 10 分钟)

(1)教师将学生分组,4~5 人一组。

(2)教师就某一知识点直接讲授。

(3)教师指令:"现在请同学们在组内交流,在这一段内容中你听到了什么。时间 3 分钟,开始!"

(4)学生分享和总结所听到的知识,写成句子。教师在教室巡视,掌握学生情况。

(5)时间到,教师指令:"现在小组讨论,对所听到的内容形成本组共同认知,时间 3 分钟,开始!"

(6)学生组内讨论,教师进行巡视。

(7)教师请学生代表进行全班分享。

(8)教师进行精确总结和反馈。

◇　大班活动变体

如果班级人数较多,学生可以利用网络软件或教学平台来分享所听到的内容。教师根据学生反馈的内容,再进行有针对性的总结、反馈。

✴ "种草"笔记

活动 28　看视频找答案

◇ **活动关键词**

应用环节:快速激活☐　多元学习☑　有效测评☑　简要总结☐

参与形式:个人活动☑　两人活动☐　小组活动☑　全班活动☐

能力目标:记忆☐　理解☐　应用☑　分析☑　评价☑　创造☐

学习和创新	数字技能	职业和生活技能
批判性思维☑	信息技能☐	灵活性和适应性☑
解决问题能力☑	媒体技能☐	主动性和自我引导☑
创造性思维和创新能力☑	信息和通信技术☐	跨文化交际能力☐
沟通能力☑		富有生产力/值得信赖☑
协作能力☑		领导力和责任感☑

◇ **活动设计背景**

学生带着问题看视频,利用多感官的共同参与,激发学生学习兴趣,检验学生学习效果,提高学习效率,培养分析问题、解决问题能力。

◇ **活动特点**

多感官参与,同伴学习,互动性强。

◇ **活动准备**

教师根据教学目标,寻找相关演示或者模拟实验的视频资源,并提出一个基于内容的好问题。

◇ **活动实施**(约 13 分钟)

(1)教师将学生分组,4~6 人一组。

(2)教师指令:"请大家仔细观看视频,总结该实验出现的实验现象和造成该现象的可能原因。"

(3)教师播放演示实验或者模拟实验的视频。学生观看视频,做笔记,进行个人学习。

(4)播放结束,学生针对教师给定的讨论题目进行组内讨论。教师在教室巡视,给予适当引导。

(5)各组推举代表进行发言。

(6)教师针对视频内容和同学的反馈进行总结、精讲。

◇ 教学案例

课程名称:计算机基础

教学对象:理科本科一年级

班级人数:45

教学内容:程序设计中的模块化知识点

教学目标:使学生能够了解模块化的工作方式和特点。

教学准备:湖南省长沙市某宾馆建造视频,通过模块化建造方法,15层的高层建筑建成只用了90个小时。

教师指导语:

同学们以小组为单位完成以下问题:

(1)视频中的高层建筑建造过程,对应我们的课程,体现出了哪个程序设计思想?是如何体现的?

(2)同学们的工作、学习和生活中还有哪些地方利用了这种思想呢?请再举出一个例子。

◇ 大班活动变体

可利用教学平台,让每个学生提交反馈,教师随机进行展示。

活动29 信息接力

“种草”笔记

◇ 活动关键词

应用环节:快速激活□ 多元学习☑ 有效测评☑ 简要总结□

参与形式:个人活动☑ 两人活动□ 小组活动☑ 全班活动□

能力目标:记忆☑ 理解☑ 应用☑ 分析☑ 评价☑ 创造□

学习和创新	数字技能	职业和生活技能
批判性思维☑	信息技能☐	灵活性和适应性☐
解决问题能力☐	媒体技能☐	主动性和自我引导☑
创造性思维和创新能力☐	信息和通信技术☐	跨文化交际能力☐
沟通能力☑		富有生产力/值得信赖☑
协作能力☑		领导力和责任感☑

◇ 活动设计背景

以互动形式完成文本阅读和信息记忆提取,将个人文本阅读、教师讲授等单一视觉/听觉信息输入,转变为视觉、听觉、动觉相结合的多感官学习,变被动学习为主动学习,提高信息提取效率。

◇ 活动特点

多感官参与,趣味性较强,合作学习。

◇ 活动准备

教师打印教学活动材料。打印份数与计划分组的小组个数相同。

◇ 活动实施(约 15 分钟)

(1)教师将学生分组,4~5 人一组并明确小组成员角色。每组 1 号同学为书记员,其余同学为信息传递员,书记员旁顺时针方向分别为 1 号信息员,2 号信息员,依此类推。

(2)教师给每组分配一段提前准备好的文字材料,并将材料放置在小组所在区域之外。

(3)教师指令:"现在我们做'信息接力'活动。每组有一份文字材料,1 组的材料在这里,2 组的材料在这里,依此类推。每组信息传递员,从 1 号信息员开始,轮流走到材料处阅读并记忆一部分内容,然后返回组内,将内容告诉书记员,由书记员记录,直到所有内容都阅读和记录完毕。活动时间 5 分钟,开始!"

(4)活动开始,每组信息员轮流去阅读本组材料,每人每次只阅读一部分并回到小组,将信息告诉书记员,书记员记录,直到所有内容记录完毕。教师在过程中监控活动进展情况。

(5)小组内交流,讨论和整理文字材料的整体内容及对内容的理解。

(6)小组向全班分享记录的内容和对内容的理解,其他小组将听到的内容补充到本组记录中。

(7)教师点评,并针对讨论过程中发现的难点和重点进行指导。

◇ 大班活动变体

教师可通过智慧教学工具给每组发放学习材料。

活动30　什么不见了

◇ 活动关键词

应用环节:快速激活☑　多元学习☑　有效测评☑　简要总结☑

参与形式:个人活动☑　两人活动☑　小组活动□　全班活动□

能力目标:记忆☑　理解□　应用□　分析□　评价□　创造□

学习和创新	数字技能	职业和生活技能
批判性思维☑	信息技能□	灵活性和适应性☑
解决问题能力☑	媒体技能□	主动性和自我引导☑
创造性思维和创新能力□	信息和通信技术□	跨文化交际能力□
沟通能力☑		富有生产力/值得信赖□
协作能力☑		领导力和责任感☑

◇ 活动设计背景

记忆是认知过程中必不可少的环节,然而教师讲解,学生听讲并非是让学生记得住的有效方式。通过有明确任务指向的活动,调动学生的注意力,关注重点信息,完成以“学”为中心的记忆和理解。学生填写缺失内容的方法,解决教师在课堂提问时,学生响应不积极,课堂参与率低的问题。

❉ “种草”笔记

◇ 活动特点

主动学习,全体参与,反馈及时。

◇ 活动准备

幻灯片上呈现需要学生掌握的内容,如流程图、示意图、概念、定义、原理、英文单词等。

◇ 活动实施(约8分钟)

(1)教师将相关内容呈现在幻灯片上。教师指令:"我们这里有一张神秘纸条,2分钟后,部分内容会自动消失。同学们在内容消失之前,快速记忆幻灯片上的相关内容。开始!"

(2)教师呈现缺失了部分内容的幻灯片。教师指令:"请同学们在A4纸上写出这张幻灯片中缺失的内容。时间1分钟。"

(3)学生快速在A4纸上写出缺失的内容。

(4)教师指令:"时间到。"教师呈现答案,学生检查自己的答案,进行订正。

(5)教师重复以上步骤,直到所有内容填充完毕。

❋ "种草"笔记

活动31 "嘁嘁"小议

◇ 活动关键词

应用环节:快速激活☑ 多元学习☑ 有效测评☑ 简要总结☑

参与形式:个人活动☐ 两人活动☑ 小组活动☑ 全班活动☐

能力目标:记忆☑ 理解☑ 应用☐ 分析☑ 评价☑ 创造☐

学习和创新	数字技能	职业和生活技能
批判性思维☑	信息技能☐	灵活性和适应性☑
解决问题能力☑	媒体技能☐	主动性和自我引导☑
创造性思维和创新能力☑	信息和通信技术☐	跨文化交际能力☑
沟通能力☑		富有生产力/值得信赖☑
协作能力☑		领导力和责任感☑

◇ **活动设计背景**

"嗡嗡"小议是两人一组的讨论活动,"嗡嗡"是指蜜蜂辛勤工作时发出的声音,此处用来形容同学们低声讨论时教室里的声音。"嗡嗡"小议往往使用在教师提问之前，让学生通过和确定的同伴进行口头交流的方式,拓展思路,答疑解惑,积极思考,稍后学生回答问题时更有信心,从而提高课堂参与度,提升学习效果。

◇ **活动特点**

同伴学习,操作简便,反馈及时。

◇ **活动准备**

具有一定的灵活性或难度的讨论问题。

◇ **活动实施**(约 5 分钟)

(1)教师在幻灯片上呈现需要讨论的问题。

(2)教师指令:"请各位同学与邻座同学讨论此问题,讨论时间 2 分钟。"

(3)学生思考并与身边同学商议答案。学生讨论时,教师巡视监控活动进展,了解学生讨论情况,发现学习难点。

(4)时间到,教师随机选取 1~2 名同学进行发言。

(5)根据学生回答情况,教师可以不做讲解,也可以对学生掌握不好的知识点进行讲解。

活动 32　"金字塔"讨论

◇ **活动关键词**

应用环节:快速激活☑　多元学习☑　有效测评☐　简要总结☐

参与形式:个人活动☐　两人活动☐　小组活动☐　全班活动☑

能力目标:记忆☑　理解☑　应用☑　分析☑　评价☑　创造☐

�֎ **"种草"笔记**

学习和创新	数字技能	职业和生活技能
批判性思维☑	信息技能☐	灵活性和适应性☑
解决问题能力☑	媒体技能☐	主动性和自我引导☑
创造性思维和创新能力☐	信息和通信技术☐	跨文化交际能力☑
沟通能力☑		富有生产力/值得信赖☑
协作能力☑		领导力和责任感☑

◇ 活动设计背景

"金字塔"讨论是一种帮助小组聚焦问题(如图 3-8、图3-9 所示),形成决策或者一致意见的一种讨论工具。问题或解决方案从多到少,不断聚焦,像一个倒金字塔,因而得名。"金字塔"讨论要求每位参与者都要提出意见和建议,所以能够调动每个学生参与到讨论中,增强学生的自信,提高学生的参与度。

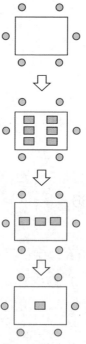

图 3-8 "金字塔"讨论活动示意图

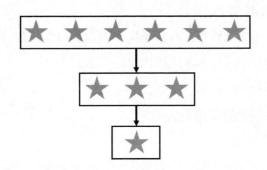

图 3-9　观点聚焦示意图

◇ 活动特点

全员参与,趣味性强,深度学习。

◇ 活动准备

教师准备一个需要做出决策的讨论话题, 例如, 确定小组调研问题。

◇ 活动实施(约 20 分钟)

(1)教师将全班分组,每组 6 人。

(2)教师指令:"每位同学,写出一个针对……问题的解决办法。时间 2 分钟。"

(3)教师指令:"时间到。每个人简要阐述解决方法,每人 1 分钟,全组共 6 分钟,开始!"

(4)教师巡视监控活动进展,了解讨论情况。

(5)教师指令:"时间到。小组讨论,将 6 个解决方案挑选或整合成 3 个方案,时间 3 分钟,开始!"

(6)教师巡视监控活动进展,了解讨论情况。

(7)教师指令:"时间到。小组讨论,将 3 个解决方案挑选或整合成 1 个方案,时间 3 分钟,开始!"

(8)教师巡视监控活动进展,了解讨论情况。

(9)各小组总结此轮活动中的重要收获。

❀ "种草"笔记

◇ 大班活动变体

(1)教师通过智慧教学工具让学生小组讨论后,进行投票。

(2)此活动也可以在6~8人组内进行。

活动33 "金鱼缸"讨论法

◇ 活动关键词

应用环节:快速激活☐　多元学习☑　有效测评☑　简要总结☐

参与形式:个人活动☐　两人活动☐　小组活动☐　全班活动☑

能力目标:记忆☐　理解☑　应用☑　分析☑　评价☑　创造☐

学习和创新	数字技能	职业和生活技能
批判性思维☑	信息技能☐	灵活性和适应性☐
解决问题能力☑	媒体技能☐	主动性和自我引导☑
创造性思维和创新能力☑	信息和通信技术☐	跨文化交际能力☑
沟通能力☑		富有生产力/值得信赖☑
协作能力☑		领导力和责任感☑

◇ 活动设计背景

通过将学生分为观察组和讨论组,明确学生的任务和角色。观察组的作用是以局外人的身份对讨论组进行观察,发现他们可能存在的问题。通过观察组和讨论组学生之间的不断反馈,加深学生对知识点的理解。

◇ 活动特点

多感官参与,趣味性强,同伴学习。

◇ 活动准备

(1)教师准备一个需要做出决策的讨论话题。明确讨论组讨论的原则和观察组的观察原则。

(2)教师需要将教室布置成便于"金鱼缸"讨论的方式,如图 3-10 所示。

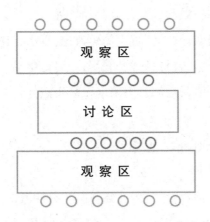

图 3-10　"金鱼缸"讨论活动示意图

(3)准备便利贴或卡片。

◇　**活动实施**(约 20 分钟)

(1)教师将班级同学分为观察组和讨论组,两组人数相同。讨论区的同学为"金鱼",观察区的同学为"观察者"。

(2)教师指令:"下面请讨论组的同学到讨论区就座,观察组的同学留在观察区。"

(3)教师在幻灯片上显示要讨论的议题。

(4)教师指令:"请讨论区的同学展开讨论,观察区的同学观察讨论区同学的讨论,并做记录。活动时间 10 分钟。"

(5)学生讨论和观察,教师巡视监控活动进展,对观察区和讨论区的同学均需给予关注。

(6)教师指令:"请讨论区的同学向后转,与观察区的同学,两两结对。"

(7)学生结对。

(8)教师指令:"请观察区的同学发言,向讨论区的同学反馈对方在讨论时做得好的地方和有待改进的地方。活动时间 2 分钟。"

(9)活动进行时,教师巡视监控活动进展。

(10)讨论组返回讨论区,再次简短讨论,得出讨论结果。

(11)教师指令:"请讨论区的同学公布讨论结果。"

(12)教师对两组讨论和观察情况做简短点评。

"种草"笔记

活动 34　我讲你问他回答

◇ 活动关键词

应用环节:快速激活☐　多元学习☑　有效测评☑　简要总结☐

参与形式:个人活动☑　两人活动☐　小组活动☑　全班活动☐

能力目标:记忆☐　理解☑　应用☑　分析☑　评价☑　创造☐

学习和创新	数字技能	职业和生活技能
批判性思维☑	信息技能☐	灵活性和适应性☐
解决问题能力☐	媒体技能☐	主动性和自我引导☑
创造性思维和创新能力☐	信息和通信技术☐	跨文化交际能力☑
沟通能力☑		富有生产力/值得信赖☐
协作能力☑		领导力和责任感☐

◇ 活动设计背景

"教别人"是学习效率最高的学习方式。这个活动使得"教别人"更加有效地在学生之间使用。活动要求听者必须提问,澄清自己的理解;讲者必须设计问题,检查听者是否理解。

◇ 活动特点

多感官参与,主动学习,合作学习。

◇ 活动准备

(1)纸和笔。

(2)分享者根据教师要求,提前准备要分享的内容,限时 3 分钟。例如与本堂课程学习内容相关的某一个专题,或者是和本门课程学习内容相关的专题,也可以是学习成果的展示,等等。如果分享内容较为复杂,建议学生提前录制视频进行展示。

◇ 活动实施(约 25 分钟)

(1)教师将学生分组,每组 4 人,其中一位同学为计时员。

(2)教师指令:"同学们在小组内按照顺时针方向轮流分享。从每组第一位同学开始分享。分享结束,讲解人相邻的同学根据讲解内容提出一个问题,提问人相邻的同学做出回答。回答结束,讲解人予以反馈。开始!"

(3)分享者利用图片、文字、幻灯片或者手机软件等辅助工具,进行 3 分钟分享。

(4)讲解人相邻的同学根据讲解内容提出一个问题,提问人相邻的同学做出回答。回答结束,讲解人予以反馈。

(5)组内同学轮流完成分享、提问和回答环节。

(6)教师做总结发言,对分享内容和大家的讨论进行点评。

◇ 大班活动变体

本活动不受班级人数规模限制,大班按照 4 人一组活动。

活动 35　议会辩论

◇ 活动关键词

应用环节:快速激活☐　多元学习☑　有效测评☑　简要总结☐

参与形式:个人活动☐　两人活动☐　小组活动☐　全班活动☑

能力目标:记忆☐　理解☑　应用☑　分析☑　评价☑　创造☑

✤ "种草"笔记

学习和创新	数字技能	职业和生活技能
批判性思维☑	信息技能☐	灵活性和适应性☑
解决问题能力☑	媒体技能☐	主动性和自我引导☑
创造性思维和创新能力☑	信息和通信技术☐	跨文化交际能力☑
沟通能力☑		富有生产力/值得信赖☑
协作能力☑		领导力和责任感☑

◇ 活动设计背景

活动采用模拟议会辩论的形式,在教师指导下,针对教学主题进行分析、判断、筛选和评价,促进主动学习、深度学习,同时培养思辨能力和表达能力。辩题既可以是诸如"公共政策是否应该……？""教育是否……？""是否应该投资某项目？"等题目,也可以是一组近似概念或相反概念的对比和分析。

◇ 活动特点

同伴学习,全体参与,互动性强。

◇ 活动准备

(1)A4纸或便条贴、即时贴、记号笔、签字笔。

(2)教师准备开放性问题,并提供较为详细的背景信息和知识内容。

(3)学生阅读教师所发材料,结合课程知识,对问题形成自己的观点和看法。

◇ 活动实施(约15分钟)

(1)教师将开放性问题展示在幻灯片上,学生阅读并思考。

(2)教师指令:"请大家起立。同意幻灯片上说法的同学坐在靠窗户的位置。不同意的同学,坐在靠门口的位置。"

(3)学生按照正反两方就座。

(4)教师简述背景资料,并在黑板或海报纸中央画一个大大的字母

T,左边为正方,右边为反方。

(5)教师指令:"请同学们用记号笔在即时贴上写下同意或反对幻灯片上观点的两点原因,并粘在相应位置,时间是 2 分钟。"

(6)学生写原因,贴即时贴。

(7)教师指令:"请同学们仔细阅读己方和对方的所有理由,组内讨论,从己方理由中找出最重要的 5 点原因,誊写在 A4 纸上,并指定发言人,准备 90 秒的总结发言。"

(8)学生浏览信息,讨论后在 A4 纸上抄写主要理由,指定发言人,准备发言。

(9)正反双方发言、辩论。

(10)教师指令:"所有同学根据双方的辩论,再次思考,重新决定自己是同意还是反对。时间 1 分钟。"

(11)全体同学再次进行个人思考。

(12)教师指令:"所有同学重新站队,同意幻灯片上说法的同学坐在靠窗户的位置。不同意的同学,坐在靠门口的位置。"

(13)教师根据学生学习情况给予反馈、评价。

◇ 活动小提示

教师需要严格把控时间,时间太短,学生无法深入讨论;时间太长,学生会"游离"出教学内容和活动。

◇ 大班活动变体

教师可以将班级分成几个大组，每个大组下面再分正方和反方开展活动。

✿ "种草"笔记

活动36　街头采访

◇ 活动关键词

应用环节:快速激活☐　多元学习☑　有效测评☑　简要总结☐

参与形式:个人活动☐　两人活动☐　小组活动☑　全班活动☐

能力目标:记忆☐　理解☐　应用☑　分析☑　评价☑　创造☐

学习和创新	数字技能	职业和生活技能
批判性思维☑	信息技能☑	灵活性和适应性☑
解决问题能力☑	媒体技能☑	主动性和自我引导☑
创造性思维和创新能力☑	信息和通信技术☑	跨文化交际能力☑
沟通能力☑		富有生产力/值得信赖☑
协作能力☑		领导力和责任感☑

◇ 活动设计背景

设定街头采访情景,明确任务角色,以采访、回答和提问等方式完成信息收集、交换和整理,提高学生学习兴趣和参与度,加深其对知识的理解和应用,锻炼思辨能力。

◇ 活动特点

多感官参与,趣味性高,互动性强。

◇ 活动准备

教师提供相关背景材料,例如,最新成果的新闻报道,打印好按组放置。

◇ 活动实施(约25分钟)

(1)教师将学生分组,7~8人一组。

(2)教师指令:"组内同学的角色分工如下:记者1人,负责提出关键问题;被采访人1人,负责宣布最新研究成果;记录员1人,负责记录采访过程;摄影师1人,负责拍照或录制视频;反对者2人,任务是提出不同的意见和想法；群众 2~3 人，任务是针对话题提出其他相关问题。"

(3)教师可以把角色的职责展示在幻灯片中或者打印出来分发给各组。

(4)学生组内分配角色,明确各自职责。教师可以使用"检查理解"(checking)技术,确认各小组是否完成角色分工。

(5)教师指令:"阅读背景材料,以角色身份思考,列角色发言提纲。时间 6 分钟。"

(6)教师分发背景材料。学生阅读材料,按照角色分析内容,列发言提纲。教师巡视,进行必要的提示和引导。

(7)教师指令:"时间到,采访开始。时间 5 分钟。"

(8)学生按照角色,完成采访。(5 分钟)

(9)教师指令:"组内讨论,撰写基于采访的新闻报道稿,500 字以内。时间 8 分钟。"

(10)教师在教室内巡视,进行必要的提示和引导。

(11)时间到。各组提交稿件,教师投屏,学生阅读。

(12)教师结合各组新闻报道中反映的难点和重点进行点评和简要总结。

◇ 大班活动变体

可以将撰写新闻稿或者视频编辑部分在课下进行,提交到在线平台。

活动 37 双剑合璧   ✿ "种草"笔记

◇ 活动关键词

应用环节:快速激活☐　多元学习☑　有效测评☑　简要总结☐

参与形式:个人活动☐　两人活动☐　小组活动☑　全班活动☐

能力目标:记忆☑　理解☑　应用☐　分析☑　评价☑　创造☑

学习和创新	数字技能	职业和生活技能
批判性思维 ☑	信息技能 ☑	灵活性和适应性 ☐
解决问题能力 ☐	媒体技能 ☐	主动性和自我引导 ☑
创造性思维和创新能力 ☐	信息和通信技术 ☑	跨文化交际能力 ☐
沟通能力 ☑		富有生产力/值得信赖 ☑
协作能力 ☑		领导力和责任感 ☑

◇ 活动设计背景

课堂教学中,分析、评价和创造这类高阶学习目标很难通过教师直接讲授实现。通过"双剑合璧",以小组合并的方式,通过分析、评价整合方案,形成创新,是实现课程高阶性的有效方式。

◇ 活动特点

多感官参与,主动学习,合作学习。

◇ 活动实施(约 20 分钟)

(1)教师将全班分组,每组 4~5 人。

(2)教师指令:"这是 4 个关于……问题的解决方法。小组讨论,选出本组认为最佳的一个方法,并给出理由。时间 5 分钟,开始!"

(3)学生组内讨论,教师巡视了解讨论情况。

(4)教师指令:"临近两组合并为一个大组,将两个方案整合成一个方案,并阐述理由,时间 5 分钟。"

(5)学生组内讨论,教师巡视了解讨论情况。(3 分钟)

(6)教师指令:"时间到,各小组轮流发言,阐述整合后的方案及整合理由,每组时间 2 分钟。"

(7)教师指令:"请同学们起立,走到你认为提供了最佳方案的小组,互相击掌,表示祝贺,时间 2 分钟,开始!"

(8)教师邀请 1~2 位同学针对整合后的方案进行口头反馈。

(9)教师有针对性地总结和精讲。

活动38　我是"密探"

◇ **活动关键词**

应用环节:快速激活☐　多元学习☑　有效测评☑　简要总结☐

参与形式:个人活动☐　两人活动☐　小组活动☑　全班活动☐

能力目标:记忆☐　理解☑　应用☑　分析☑　评价☑　创造☐

学习和创新	数字技能	职业和生活技能
批判性思维☑	信息技能☐	灵活性和适应性☐
解决问题能力☑	媒体技能☐	主动性和自我引导☑
创造性思维和创新能力☐	信息和通信技术☐	跨文化交际能力☐
沟通能力☑		富有生产力/值得信赖☐
协作能力☑		领导力和责任感☑

◇ **活动设计背景**

通过设置角色情景,激发学生好奇心,以悄悄派出"密探"的形式,了解其他小组的信息,带着任务行动。通过"密探"获得各组的观点,从而在有限的教学时间内,获得尽可能多的信息。

◇ **活动特点**

深度学习,同伴学习,趣味性较强。

◇ **活动准备**

准备供学生深入讨论的问题,问题最好具有开放性或复杂性特征。

◇ **活动实施**(约15分钟)

(1)教师将学生分组,4~6人一组。各组指定一位同学为"密探",一位同学为发言人。

(2)教师呈现将要讨论的问题。教师指令:"请各组讨论以上问题。"

(3)学生组内讨论。

(4)教师指令:"各组'密探',到其他各组窃听他们的讨论,但不得参与其他组的讨论。"

(5)"密探"窃听。

(6)教师指令:"现在请各组'密探'回到原小组,并向小组汇报。"

(7)"密探"汇报。

(8)教师指令:"各小组根据'密探'汇报的信息,结合自己组内的讨论,形成问题的最终结论,并将结论写在纸上。时间4分钟,开始!"

(9)学生各组讨论并总结。教师巡视并监控活动进展,了解讨论情况。

(10)教师指令:"讨论时间到。请各组展示讨论结果。"

(11)教师进行教学小结和点评。

◇ 大班活动变体

在组内人数较多时,可以派出2名"密探"分别至不同小组获取信息。

◇ 教学小提示

可以让各组对其派出的"密探"根据所获得的信息对改进本组结论的作用进行评价。

❋ "种草"笔记

活动39　手指讲故事

◇ 活动关键词

应用环节:快速激活☐　多元学习☑　有效测评☑　简要总结☑

参与形式:个人活动☑　两人活动☐　小组活动☐　全班活动☐

能力目标:记忆☑　理解☑　应用☑　分析☐　评价☐　创造☐

学习和创新	数字技能	职业和生活技能
批判性思维☐	信息技能☑	灵活性和适应性☑
解决问题能力☑	媒体技能☐	主动性和自我引导☑
创造性思维和创新能力☑	信息和通信技术☐	跨文化交际能力☑
沟通能力☑		富有生产力/值得信赖☐
协作能力☐		领导力和责任感☐

◇ 活动设计背景

本活动"手口并用",通过肢体语言的配合,多感官参与,聚焦学生注意力,增强学生对重点知识的记忆和理解,可应用于激活、多元学习、有效测评和简要总结等多环节。5 根手指可以是某个知识点的构成要素、某项操作的步骤、某项原理的要点或者方案的组成部分等。按照知识性内容的多少,可以用少于或多于 5 根手指头进行。

◇ 活动特点

多感官参与,趣味性较强,操作简便。

◇ 活动实施(约 15 分钟)

(1) 教师提供阅读材料或知识性内容。以英语教学中的阅读理解为例,"5 根手指讲故事",如图 3-11 所示。

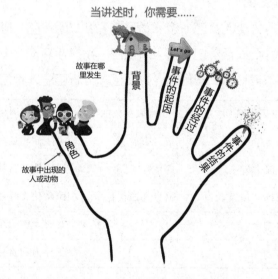

图 3-11 "5 根手指讲故事"示意图

(2) 教师指令:"这是一张说明图,5 根手指分别代表故事的要素:大拇指代表角色;食指代表背景;中指代表事件的起因;无名指代表事件经过(手指 3 节代表故事的开始、过程和结尾);小指代表事件结果。同学们两两配对,根据所给出的内容,用 5 根手指讲故事,时间是 4 分钟。开始！"

(3)教师邀请2名学生分享手指故事。

(4)教师邀请2名学生补充和修正故事内容。

(5)教师针对学生对内容的掌握情况，做简要反馈。

◇ 大班活动变体

(1)学生课下准备"手指讲故事"相关内容，课上教师邀请学生与全班分享。

(2)学生课下录制视频，发到学习平台。教师和其他同学线上给予反馈，课上教师讲解难点。

❁ "种草"笔记

活动40　编制口诀

◇ 活动关键词

应用环节：快速激活☐　多元学习☑　有效测评☑　简要总结☐

参与形式：个人活动☐　两人活动☐　小组活动☑　全班活动☐

能力目标：记忆☐　理解☐　应用☐　分析☐　评价☐　创造☑

学习和创新	数字技能	职业和生活技能
批判性思维☑	信息技能☐	灵活性和适应性☐
解决问题能力☑	媒体技能☐	主动性和自我引导☑
创造性思维和创新能力☑	信息和通信技术☐	跨文化交际能力☐
沟通能力☑		富有生产力/值得信赖☑
协作能力☑		领导力和责任感☑

◇ 活动设计背景

提取知识的关键信息，通过信息的深加工，编制成具有个人叙事特征的口诀，把缺乏内在逻辑关系的零散知识变为一个加入个人思维逻辑的整体，从而实现知识的内化。这种主动加工信息的过程，具有趣味性、创造性和挑战性，将枯燥的机械记忆过程变得轻松有趣，学生更乐于参与,印象深刻,编制好的口诀更便于信息的再提取,是促进知识整合的一种好方法。

◇ **活动特点**

多感官参与,主动学习。

◇ **活动实施**(约 18 分钟)

(1)教师将学生分组,3~5 人一组。

(2)教师指令:"我们已经学习了组成蛋白质的 20 种氨基酸的不同性质,请大家以小组为单位讨论,把 20 种氨基酸按照性质分类,编成带有一定故事情节的口诀,帮助你快速记忆,时间 8 分钟。开始!"

(3)学生小组讨论,编制口诀。

(4)各组展示编制的口诀,并结合其他组的口诀修改自己小组的口诀,使其更利于记忆。

(5)教师指令:"每人对照口诀,在纸上快速写出不同特性的氨基酸名称。时间 3 分钟。开始!"

(6)学生自行核对答案,写错的进行标注,课后重点复习。

利用表 3-2 里变色的氨基酸名称中的字,组成有一定含义的句子如图 3-12 所示,方便记忆氨基酸的分类。各句子中代表的氨基酸如下:

表 3-2　氨基酸分类名称

分类	氨基酸
非极性脂肪族氨基酸	甘氨酸,缬氨酸,丙氨酸,亮氨酸,异亮氨酸,脯氨酸
芳香族氨基酸	酪氨酸,苯丙氨酸,色氨酸
极性不带电氨基酸	苏氨酸,丝氨酸,半胱氨酸,蛋氨酸,天冬酰胺,谷氨酰胺
极性带电氨基酸(带负电)	天门冬氨酸,谷氨酸
极性带电氨基酸(带正电)	精氨酸,赖氨酸,组氨酸

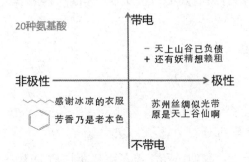

图 3-12   编制氨基酸的分类口诀样例图

①感谢冰凉的衣服：

感：甘氨酸；谢：缬氨酸；冰：丙氨酸；凉：亮氨酸；衣：异亮氨酸；服：脯氨酸；

②芳香乃是老本色：

芳香：芳香族氨基酸；老：酪氨酸；本：苯丙氨酸；色：色氨酸；

③天上山谷已负债：

天：天门冬氨酸；谷：谷氨酸；负：带负电；

④还有妖精想赖租：

精：精氨酸；赖：赖氨酸；租：组氨酸；

⑤苏州丝绸似光带：

苏：苏氨酸；丝：丝氨酸；光：半胱氨酸；带：蛋氨酸；

⑥原是天上谷仙啊：

天上：天冬酰胺；谷仙：谷氨酰胺。

❁ "种草"笔记

活动 41   5 个"为什么"

◇ 活动关键词

应用环节：快速激活☐   多元学习☑   有效测评☑   简要总结☐

参与形式：个人活动☑   两人活动☐   小组活动☑   全班活动☐

能力目标：记忆☐   理解☐   应用☑   分析☑   评价☑   创造☑

学习和创新	数字技能	职业和生活技能
批判性思维☑	信息技能☐	灵活性和适应性☑
解决问题能力☑	媒体技能☐	主动性和自我引导☑
创造性思维和创新能力☑	信息和通信技术☐	跨文化交际能力☑
沟通能力☑		富有生产力/值得信赖☑
协作能力☑		领导力和责任感☑

◇ 活动设计背景

通过5个"为什么"(why),如图3-13所示,由表及里、由现象到本质提问和回答,促进学生深入思考,增强思辨能力,提高思维层级,实现学习的高阶性。

图3-13　5个"为什么"(why)示意图

◇ 活动特点

主动学习,同伴学习,全体参与,互动性强。

◇ 活动准备

教师根据教学目标、教学内容和学生认知程度,提前设计问题和可能出现的不同答案。

◇ 课堂实施(约13分钟)

(1)教师将全班分组,4~5人一组。

(2)教师指令:"请同学们仔细观看视频,并思考为什么会出现这样的结果。"教师播放视频,学生观看视频。

（3）教师指令："小组讨论，为什么……？"

（4）教师请第一个小组的代表回答问题，并根据学生的回答，继续发出追问指令："小组讨论，又为什么是……呢？"

（5）教师请第二个小组的代表回答问题，并根据学生回答，不断发出指令："小组讨论，又为什么是……呢？"重复此步骤3次。

（6）教师指令："小组讨论，通过这5个'为什么'，你了解了什么？学习到了什么？发现了什么？"

（7）教师请学生回答，并针对学生的回答进行简要总结，深化教学内容。

◇　活动变体

5个"为什么"的问题由学生提起，学生回答，可组内进行，也可组间接力进行。教师做好对问题的引导和澄清。

◇　教学案例

课程名称：质谱仪器（专业必修课或选修课）

教学对象：化学专业高年级本科生

班级人数：30人左右

教学内容：质谱仪器的真空实验部分

教学目标：通过本次活动，学生将能够通过实验现象发现问题并解决问题；激发学生学习的主动性。

教学活动：5个"为什么"

（1）活动设计背景：真空实验部分需要较多的实践经验和思考解决实际问题，同时对操作也有较高的要求。学生容易停留在表面的问题和现象，而忽略问题的根本原因。通过连续追问"为什么"，鼓励学生探究式思考和解决问题，激发学生主动性，并养成良好的操作习惯。

（2）活动准备：教师提前准备一段由于真空度不够而导致实验失败的视频。

(3)活动过程

①教师发布教学指令:"通过刚才观看的视频,请同学们思考,这个实验为什么没有成功。"教师播放视频。

②教师连续提问,学生连续回答。

  a. 教师问:"为什么实验没成功?"

  学生答:"因为系统真空没有达到要求。"

  b. 教师问:"为什么系统真空没有达到要求?"

  学生答:"因为机械泵已经停止工作。"

  c. 教师问:"为什么机械泵会停止工作?"

  学生答:"因为系统漏气,机械泵负载过大。"

  d. 教师问:"为什么系统会漏气?"

  学生答:"因为真空密封圈安装没有达到要求。"

  e. 教师问:"为什么真空密封圈安装没有达到要求?"

  学生答:"因为真空密封圈出现了变形。"

  f. 教师问:"为什么真空密封圈出现变形?"

  学生答:"因为安装密封圈时受力不均匀。"

  g. 教师问:"通过5个连续追问'为什么',你学到了什么?"

  学生答:"找到了实验失败的原因和解决的方法,就是在安装密封圈时,必须均匀加压,才能保证真空度达到要求。"

③教师对整个提问和回答过程进行小结提升。

活动42　如果我是科学家

◇ 活动关键词

应用环节:快速激活□　多元学习☑　有效测评☑　简要总结□

参与形式:个人活动☑　两人活动☑　小组活动☑　全班活动□

能力目标:记忆□　理解□　应用☑　分析☑　评价☑　创造☑

✿"种草"笔记

学习和创新	数字技能	职业和生活技能
批判性思维 ☑	信息技能 ☐	灵活性和适应性 ☑
解决问题能力 ☑	媒体技能 ☐	主动性和自我引导 ☑
创造性思维和创新能力 ☑	信息和通信技术 ☐	跨文化交际能力 ☐
沟通能力 ☑		富有生产力/值得信赖 ☐
协作能力 ☐		领导力和责任感 ☑

◇ 活动设计背景

在专业知识学习过程中,和专家相比学生无疑是新手上路。因此,掌握专家的思维方式和解决问题的路径往往比问题答案本身更重要。本活动模拟情景,通过角色代入,主动寻求答案,对比新手与专家的思维差异,学习像专家一样的思考方式。

◇ 活动特点

多感官参与,主动学习,同伴学习。

◇ 活动准备

(1)A4 纸,签字笔等文具。

(2)教师根据教学目标和内容,准备相关教学材料和专家人物。例如,英国文学巨匠莎士比亚、德国量子物理学家普朗克、德国著名社会学家和经济学家马克思·韦伯等。教师以"如果你是……"来准备活动。

◇ 活动实施(约 15 分钟)

(1)教师将学生分组,4~5 人一组。

(2)教师指令:"时光倒流,如果你是特鲁德和洛伦兹(如图 3-14 所示),你会如何推导导体中电流密度与外加电场的关系?写出你的答案。时间 4 分钟。"教师通过幻灯片呈现问题。

(3)学生思考问题,写出可能的推导过程,得出结论。教师在教室巡视,了解学生完成情况。

变身特鲁德和洛伦兹

设金属中外加电场为 $\vec{E}$，金属中一个电子的质量为m，电量为e，自由电子的密度为n，电子的平均自由飞行时间为 $\bar{\tau}$，平均自由程 $\bar{\lambda}$，平均热运动速率为 $\bar{v}$，且 $\bar{\tau} = \dfrac{\bar{\lambda}}{\bar{v}}$。设电子与晶格碰撞后速度变为0。请推导电流密度 $\vec{j}$ 与外加电场 $\vec{E}$ 的关系。

图 3-14　如果我是科学家样例图

(4)教师指令:"时间到,组内分享思考和推导过程,时间 3 分钟。开始。"

(5)教师请学生代表进行全班分享。

(6)教师讲解科学家(专家)在解决这一问题时思考角度,采用的路径及解决问题的方法,精确总结专家与新手思维差异。

◇ 大班活动变体

此活动不受班级规模和人数限制。

活动 43　一封求助信

❀"种草"笔记

◇ 活动关键词

应用环节:快速激活☐　多元学习☑　有效测评☑　简要总结☐

参与形式:个人活动☑　两人活动☐　小组活动☑　全班活动☐

能力目标:记忆☐　理解☐　应用☑　分析☑　评价☑　创造☑

学习和创新	数字技能	职业和生活技能
批判性思维☑	信息技能☐	灵活性和适应性☑
解决问题能力☑	媒体技能☐	主动性和自我引导☑
创造性思维和创新能力☑	信息和通信技术☐	跨文化交际能力☑
沟通能力☑		富有生产力/值得信赖☑
协作能力☑		领导力和责任感☑

◇ 活动设计背景

通过模拟真实情景的救助问题,增加学生的代入感,激发其学习兴趣,加深学生对知识应用性的理解,培养其分析问题和解决问题的能力。

◇ 活动特点

全体参与,趣味性强,互动性强。

◇ 活动准备

教师设计具有现实意义的具体问题的来信,准备记号笔、签字笔、即时贴、A4 纸、透明胶带等文具。

◇ 活动实施(约 10 分钟)

(1)教师以幻灯片或小视频形式展示来信。

(2)教师指令:"大家将要看到的是一位同学的求助信。阅读后,请每个人给他回一封信,帮助他解决目前的困难。回信字数控制在 200 字以内,写在 A4 纸上。请看求助信!"

(3)学生思考答案,形成回信,写在 A4 纸上。教师在班内巡视,给予必要引导和提示。

(4)教师指令:"现在请小组互相浏览回信,并用记号笔标记你认为好的回信。每人最多标记 2 封信,时间 3 分钟,开始!"

(5)学生浏览回信,标记回信。教师巡视观察,收集学习难点。

(6)教师针对学习难点、重点进行讲解。

◇ 活动提示

(1)设计的问题要尽可能贴近现实情景,以激发学生的学习兴趣和运用知识解决问题的欲望。

(2)学生的回信要能体现知识的运用,鼓励学生在课后进一步落实和完善更加详细的解决方案。

◇ 大班活动变体

(1)可分小组进行,先组内讨论,形成回信;在组间讨论,形成班级回信。

(2)利用教学平台,使用语音回信和反馈,共享回信。

活动 44　"戏精"学院

◇ **活动关键词**

应用环节:快速激活□　多元学习□　有效测评☑　简要总结□

参与形式:个人活动□　两人活动□　小组活动□　全班活动☑

能力目标:记忆□　理解☑　应用☑　分析☑　评价☑　创造☑

学习和创新	数字技能	职业和生活技能
批判性思维☑	信息技能□	灵活性和适应性☑
解决问题能力☑	媒体技能☑	主动性和自我引导☑
创造性思维和创新能力☑	信息和通信技术☑	跨文化交际能力☑
沟通能力☑		富有生产力/值得信赖☑
协作能力☑		领导力和责任感□

◇ **活动设计背景**

角色扮演是一种多感官参与的有效学习方式。该活动引导学生将所学内容以短剧的形式表演出来,充分发挥学生的想象力和创造力,趣味性强,学生在新奇、轻松、愉快的氛围中快速掌握所学知识,课堂气氛活跃,学生印象深刻。

◇ **活动特点**

多感官参与,互动性强,趣味性强。

◇ **活动实施**(约 20 分钟)

(1)教师指令:"我们已经学习了聚合·酶链反应(polymerase chain reaction,PCR)的原理。现在我们的任务是把 PCR 循环仪里发生的微观过程,以迷你剧的形式演出来,每位同学扮演一个核苷酸。首先以小组的形式商讨剧本,时间 5 分钟,开始!"

(2)学生以小组为单位,讨论如何组织表演的过程。

(3)教师指令:"各小组组长集中讨论全班表演的细节,其他同学复

✿ "种草"笔记

习 PCR 的原理知识。时间 5 分钟。"教师适时给予指导和提示。

(4)全班集体进行表演展示,教师录制表演过程,如图 3-15。

图 3-15 "戏精"学院样例图:学生在进行 PCR 过程的角色扮演

(5)学生总结、反思学习活动的收获,教师点评。

◇ 活 动 提 示

如果课堂时间有限,该活动可直接作为课后作业,在课下完成计划和组织,仅在课堂展示作品。

✿ "种草"笔记

活动 45 参观美术馆

◇ 活 动 关 键 词

应用环节:快速激活□ 多元学习☑ 有效测评☑ 简要总结□

参与形式:个人活动□ 两人活动□ 小组活动□ 全班活动☑

能力目标:记忆□ 理解☑ 应用☑ 分析☑ 评价☑ 创造☑

学习和创新	数字技能	职业和生活技能
批判性思维☑	信息技能□	灵活性和适应性☑
解决问题能力☑	媒体技能☑	主动性和自我引导☑
创造性思维和创新能力☑	信息和通信技术□	跨文化交际能力☑
沟通能力☑		富有生产力/值得信赖☑
协作能力☑		领导力和责任感□

◇ 活动设计背景

课堂展示讲演(presentation)是很多教师喜爱使用的一种课堂学习活动,但是开展此活动时,常常出现一个学生在台前讲,其他学生参与度低、学习效果不佳的情况。本活动采用多组同时讲解的模式,讲解人在 3 分钟时间内,以海报演讲的形式输出信息;观众聆听评价他人的学习成果;讲者和听者,通过不同途径深化内化对学习内容的理解,实现主动学习和深度学习。

◇ 活动特点

多感官参与,深度学习,同伴学习。

◇ 活动准备

大海报纸、水彩笔、蓝丁胶。

◇ 活动实施(约 40 分钟)

(1)像美术馆的作品展览一样,各组将自己的海报悬挂于教室内不同的位置或不同的展架上。

(2)教师指令:"现在我们做'参观美术馆'活动。每组 1 号同学,请留在自己组的海报前做 1 号讲解员。开始!"所有 1 号讲解员就位。

(3)教师指令:"现在请 A 组其余的同学站到 B 组海报前,B 组其余同学站到 C 组海报前,依此类推,D 组其余同学站到 A 组海报前。开始!"所有听众就位,如图 3–16 所示。

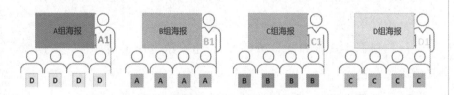

图 3–16 参观美术馆活动第一轮展示示意图

(4)教师指令:"现在讲解员开始讲解,时间 3 分钟。开始!"讲解员讲解。

(5)教师指令:"时间到。现在听众提问,讲解员作答,时间 2 分钟。

开始！"听众提问和讲解员答疑。

（6）教师指令："时间到。每组 2 号同学，请站在自己组的海报前做 2 号讲解员。开始！"所有 2 号讲解员就位。

（7）教师指令："现在请 A 组其余的同学向前移动站到 C 组海报前，B 组其余同学向前移动站到 D 组海报前，依此类推，D 组其余同学站到 B 组海报前。开始！"如图 3–17 所示。

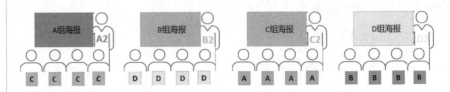

图 3–17　参观美术馆活动第二轮展示示意图

（8）如图 3–18 所示，完成第三轮。依此类推，直到听完所有海报讲解。

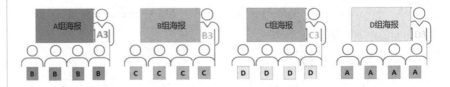

图 3–18　参观美术馆活动第三轮展示示意图

（9）学生回到初始组。初始组小组成员根据学习和反馈，完善海报内容。

（10）各小组轮流向全班同学做出简要说明，其他小组给出一条优点和一条建议。

（11）根据事先发布的评价标准，小组投票选出最佳海报。时间紧张可以省略（10）和（11）两步。

（12）教师点评，对重点和难点进行梳理和提升。

◇ 活动小提示

（1）本活动可以作为拼图阅读后的一个步骤，也可以作为其他多元学习后的一个步骤。

（2）海报讲解和浏览环节,也可采取自由浏览的模式。

◇ 大班活动变体

大班可以线下分小组制作海报,线上交流讨论和点评。

活动 46　拼图阅读

◇ 活动关键词

应用环节:快速激活□　多元学习☑　有效测评☑　简要总结□

参与形式:个人活动☑　两人活动□　小组活动☑　全班活动□

能力目标:记忆□　理解☑　应用☑　分析☑　评价☑　创造□

学习和创新	数字技能	职业和生活技能
批判性思维☑	信息技能☑	灵活性和适应性□
解决问题能力☑	媒体技能□	主动性和自我引导☑
创造性思维和创新能力☑	信息和通信技术□	跨文化交际能力☑
沟通能力☑		富有生产力/值得信赖☑
协作能力☑		领导力和责任感☑

◇ 活动设计背景

拼图阅读活动(如图 3-19)主要是通过在学习过程中制造信息差,促进学生交流。对讲者来说,以教促学,每个人都可以通过"教别人"这种学习效率最高的学习方法进行学习;对听者来说,同伴教学,可降低学习焦虑,提高学习兴趣。

◇ 活动特点

多感官参与,全员参与,合作学习,同伴学习。

◇ 活动准备

（1）选择内容相对可拆分成几个部分的阅读材料,例如,对问题的若干种归因,对某一知识点不同历史时期的观点,或者是同一个问题不同的观点等。

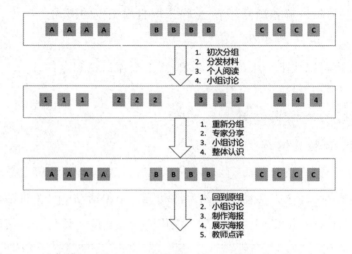

图 3-19　拼图阅读活动简要图示

(2)根据计划分组数目和材料拆分的部分数,将阅读材料进行分组和分段打印,注意组间内容不同,组内内容相同。保证每人一份。

(3)如有制作海报环节,则需要准备海报纸、彩笔、蓝丁胶等文具。

◇ **活动实施**(约 25 分钟)

(1)全班初次分组,可以用 A,B,C 等字母报数,相同字母的人为一组。

(2)教师指令:"现在我们做拼图阅读活动。第一步:每人会得到一份资料,个人阅读 3 分钟,不讨论。开始!"

(3)教师发放资料(同组同资料)。学生开始个人阅读。

(4)教师指令:"现在小组内讨论资料内容,形成统一认识,并讨论如何将这个内容讲授给别人。时间 3 分钟,开始!"

(5)小组讨论,教师在组间巡回指导,确保每个组的成员对自己的部分理解正确,教师也可以在过程中提供指导或者启发性提问。

(6)重新分组。教师指令:"原组内数字报数,所有报 1 的同学到 1 组这里,所有报 2 的同学到 2 组这里,依此类推。新组内每人读过的材料不同且可以拼成完整的资料内容。"

(7)教师指令："现在的组内,每个人都是自己读过的资料的唯一'专家',请各位'专家'按照资料的顺序轮流分享和讲授。每人 3 分钟,开始！"

(8)新组内"专家"同学轮流分享。

(9)教师指令："现在小组讨论资料的整体内容,每个人都要特别注意其他人讲授的部分,有任何问题在此环节内提问求解。时间 3 分钟,开始！"

(10)组内集体讨论资料的完整内容,保证每个人都对全文有整体的把握。

(11)教师指令："现在所有人回到初始组,讨论资料的整体内容,绘制思维导图,展示资料的整体内容。时间 10 分钟,开始！"

(12)学生回到初始组,讨论后制作思维导图海报。在小组完成海报过程中,教师要注意巡回指导,关注小组工作进展和成员参与情况。

(13)学生进入"参观美术馆"环节。(详见活动 45)

◇ 活动小提示

重新分组时, 如果有多余的一两个同学不能重新组成一个完整的组,可以插入其他组内。

◇ 大班活动变体

(1)大班人数多,阅读材料可以按组发电子版,座位不方便移动讨论可以在线上建群讨论。

(2)人数更多的大班可以分成两个大组之后按小班的模式分别进行。

扫一扫

观看本活动视频

❀ "种草"笔记

活动 47　全班一起转圈圈

◇ 活动关键词

应用环节:快速激活☑　多元学习☐　有效测评☑　简要总结☑

参与形式:个人活动☐　两人活动☐　小组活动☐　全班活动☑

能力目标:记忆☑　理解☑　应用☑　分析☑　评价☑　创造☐

学习和创新	数字技能	职业和生活技能
批判性思维☐	信息技能☐	灵活性和适应性☑
解决问题能力☑	媒体技能☐	主动性和自我引导☑
创造性思维和创新能力☑	信息和通信技术☐	跨文化交际能力☑
沟通能力☑		富有生产力/值得信赖☑
协作能力☑		领导力和责任感☐

◇ 活动设计背景

学生在教室内走动,伴随较大幅度肢体动作,完成认知目标学习任务,激活学生身体,唤醒注意,扩大学生信息交流范围,建立情感联系,创建轻松、愉快、安全接纳的学习氛围。

◇ 活动特点

多感官参与,全体参与,趣味性强,主动学习。

◇ 活动准备

教师需要提前准备问题,准备适合学生走动的、韵律动感较强的音乐。

◇ 活动实施(为 10 分钟)

(1)教师指令:"全体起立,离开座位。音乐响起时,同学们随意走动;音乐停,迅速和离你最近的一位同学两两结伴,讨论我提出的问题。"

(2)教师播放音乐,学生随音乐走动;音乐停止,学生找到搭档。

(3)教师指令:"和你的同伴说说,DNA 复制过程中,都有哪些酶和蛋白质参与。时间 1 分钟,开始!"

(4)学生两两交流。

(5)教师指令:"音乐响起,再次走起来!"

(6)教师播放音乐,音乐声停,学生找到新搭档。

(7)教师指令:"和你的新同伴说说,DNA 复制的 3 个规律是什么。时间 1 分钟,开始!"

(8)学生和新搭档两两交流。

(9)教师巡视活动的进展,倾听学生的回答内容。3~5轮后,活动结束,学生回到座位。

(10)教师针对活动中呈现出来的学习难点,进行解释和点评。

活动48　我们一起唱出来

✿ "种草"笔记

◇ 活动关键词

应用环节:快速激活☐　多元学习☐　有效测评☑　简要总结☐

参与形式:个人活动☐　两人活动☐　小组活动☑　全班活动☐

能力目标:记忆☐　理解☑　应用☑　分析☑　评价☑　创造☑

学习和创新	数字技能	职业和生活技能
批判性思维☑	信息技能☐	灵活性和适应性☑
解决问题能力☑	媒体技能☑	主动性和自我引导☑
创造性思维和创新能力☑	信息和通信技术☐	跨文化交际能力☐
沟通能力☑		富有生产力/值得信赖☑
协作能力☑		领导力和责任感☐

◇ 活动设计背景

引导学生将所学内容编制成朗朗上口的歌词,结合熟悉的旋律,以歌曲的形式将枯燥的专业知识唱出来,活动趣味性强,激发想象力和创造力,在新奇、轻松、愉快的氛围中快速掌握所学知识,课堂气氛活跃,学生印象深刻。

◇ 活动特点

操作简便,互动性强,趣味性强。

◇ 活动实施(约12分钟)

(1)教师将学生分组,4~5人一组。

(2)教师指令:"我们已经学习了PCR的相关知识,请大家以《铃儿响叮当》的曲调,把 PCR 的关键知识点以歌词的形式填入并唱出来。时间 6 分钟,开始!"

(3)小组编写歌词和练习试唱。教师在组间巡视,监控学习进展。

(4)教师挑选 1~2 组,全班分享和展示。

(5)教师根据学生歌词内容点评和反馈。

◇ 活动提示

(1)教师可布置作业,将歌曲录制成音乐短片,上传平台。

(2)如果课堂时间有限,该活动可直接作为课后作业,仅在课堂展示作品。

❋ "种草"笔记

活动 49　"1+1+1"反馈接力

◇ 活动关键词

应用环节:快速激活☐　多元学习☑　有效测评☑　简要总结☐

参与形式:个人活动☑　两人活动☐　小组活动☑　全班活动☐

能力目标:记忆☐　理解☑　应用☑　分析☑　评价☑　创造☑

学习和创新	数字技能	职业和生活技能
批判性思维☑	信息技能☐	灵活性和适应性☑
解决问题能力☑	媒体技能☐	主动性和自我引导☑
创造性思维和创新能力☑	信息和通信技术☐	跨文化交际能力☐
沟通能力☑		富有生产力/值得信赖☑
协作能力☐		领导力和责任感☑

◇ 活动设计背景

根据澳大利亚学者约翰·哈蒂的研究,反馈对学习结果具有高影响力。本活动利用互动式小组活动,进行同伴反馈,实现及时反馈,过程反馈,提升学生课堂注意力,提高学习效率,并培养同伴评价和沟通交流的能力。

◇ **活动特点**

同伴学习,操作简便,反馈及时。

◇ **活动准备**

学生个人或学生小组已经完成学习成果展示如幻灯片或海报展示、讲演(presentation)等。

◇ **活动实施**(约6分钟)

(1)教师指令:"现在针对刚才完成的展示进行'1+1+1'反馈接力活动,如图3-20所示。刚才成果展示中,你认为最好的一点和有待改进的一点各是什么?用1分钟思考。开始!"

> ## 反馈接力："1+1+1"
>
> • 1：说出同学展示中，你认为最好的一点；
> • 1：说出同学展示中，你认为最有待改进的一点；
> • 1：指定另一位进行反馈的同学。

图3-20　"1+1+1"反馈接力样例图

(2)学生进行1分钟思考,并做简单记录。

(3)教师指令:"展示的同学指定一名同学进行反馈,反馈时间1分钟。"

(4)学生反馈。

(5)时间到。教师指令:"请指定下一位反馈的同学。"依次类推,直到截止时间。

(6)教师针对学生反馈情况,进行点评和总结。

◇ **活动小提示**

本活动可与展示环节(如活动45)结合使用,学生对同学的展示既给出书面分数,又给予口头反馈。

◇ **大班活动变体**

(1)教师可利用智慧学习平台或手机软件收集书面反馈。

(2)学生在课下录制展讲视频,提交到教学平台或学习群中,学生在课下观看,在课上进行反馈接力和总结。

第四章

O-AMAS 之有效测评
（Effective Assessment）

反馈是促进学习进步的最有效因素之一。反馈是大学教学最不令人满意的方面之一。

——约翰·哈蒂(John Hattie)

如何让学习结果可见？如何及时反馈？

- 课堂测评互动式,促学、深学、主动学;

- 先测(测评)后评(反馈)要及时,目标策略可行动;

- 随时测,师生心中有数;随时评,指明不足与方向;

- 教师评,反拨教学;同伴评,测评相长;自己评,反思规划。

　　经过了"干货满满"的多元学习,学习者的学习效果如何？学生学习目标达成情况如何？还有没有什么漏洞需要进一步修补？教师要怎么给学生提供有效的反馈？这些都是有效测评环节想要帮助教师们了解的内容。

　　为了方便表述与记忆,测评被放在了 **O-AMAS** 的第四个环节,但其实测评可以贯串一堂课,甚至一门课的整个教学过程。对学生学习情况的及时评估,可以帮助教师调整教学目标和方法,从而保证教学的有效性。

一、测评反馈与有效教学

　　无论在基础教育阶段还是高等教育阶段,教学的一个恒定目标就是实现学生的有效学习。安吉洛和克罗斯(Angelo & Cross,1993)指出作为教师的我们期望学生能够学到并掌握我们教授的全部内容,但很多时候我们却失望地发现事与愿违——学生所学与教师所教存在较大差距。要实现有效学习,则需要及时发现这种差距,及时采取应对措施。而及时发现差距的方法就是有效测评。登普斯特(Dempster,1991)指出一些有关教学中测评使用情况的研究发现,使用测评的课程比不使用测评的课程能使学生学习到更多内容。埃尔顿和劳瑞拉德(Elton & Laurillard,1979)指出"改变学生学习的最快方法是改变测评体系"。布德(Boud,1990)也认为测评是正式课程学习中最有力的影响因素。因此,有效测评可以说是最为有力的促进有效学习的教学行为之一。

二、测评方法与分类

期末考试、小组展示、课堂提问、结课论文、汇报演出等等,这些都是测评的不同形式。传统测评研究根据测评发生的时间将其分为形成性测评(formative assessment)与总结性测评(summative assessment)。近年来也有学者从测评的主要目的角度,将其分为评学测评(assessment of learning)与促学测评(assessment for learning)。

(一)形成性测评与总结性测评

按照测评发生的时间,可以将测评分为形成性测评和总结性测评。这一二分法最早由斯克里文(Scriven,1967)提出,用于评估教育项目的效果。斯克里文认为,总结性测评提供的信息可以用来评估教育项目的整体效果,而形成性测评提供的信息则旨在促进教育项目的改进。威廉和汤普森(Wiliam & Thompson, 2008)提到布鲁姆(Bloom)首次将这种测评分类方法用在了学习者学习测评领域。布鲁姆(Bloom,1969)认为形成性测评的目的是"在教与学过程中的每个阶段提供反馈与改进建议",总结性测评的目的则是在课程或项目结束时判断学习者是否达到学习目标或要求。也有一些学者将形成性测评比喻为厨师做菜过程中的试菜品尝,将总结性测评比喻为食客吃菜时的品尝评价。

朗特里(Rowntree,1987)认为形成性测评既包括正式的测评方法,又包括非正式的测评方法。非正式的形成性测评指那些未明确列入课程教学要求,但在教与学的过程中临时发生的测评任务,比如课堂提问、小测验、论文初稿写作与反馈等。总结性测评一般都较为正式,并且是在课程计划内的。学生一般会收到一个分数或等级,并借此了解自己的学习效果和相对水平。因此,尽管形成性测评被认为更能促进有效学习,但总结性测评通常更被学生和教师重视。威廉姆斯(Williams,2014)指出正是因为师生过于看重总结性测评,该类测评的一个明显的"劣势"便是其带来的负反拨效应,即应试教学,题海战术。

(二)评学测评与促学测评

20 世纪 80 年代,教育研究者开始重新思考测评对于学习的作用,并形成了一个突出的研究议题——促学测评,提出者是马丁内斯和利普森(Martinez & Lipson,1989),进而重新按照测评主要目的将不同测评方式分为评学测评与促学测评。

评学测评的具体方法多种多样,比如纸笔测验,实操考核等,其目的则均在确认学生学会了什么,证明他们是否符合课程学习成果或个性化学习目标, 或证明其对某项知识或技能掌握的熟练程度,并对学生未来课程选择或学习计划做出决定。杰克尔等 (Jackel et al.,2017)指出,评学测评它一般发生在学期结束或课程完结时,与教学过程相分离,并且往往根据相对可信的衡量标准对学习者学习成就进行评估测量,因此也有研究者将评学测评与总结性测评等同对待。

促学测评顾名思义指以促进学习者学习为目的的测评方法。约克(Yorke,2003)指出,促学测评的方法也可以是多样的,有正式的或非正式的。纸笔测验、实操考核、项目设计、口头问答等都可以作为促学测评的手段。与评学测评不同的是,促学测评的过程与学生学习的过程密不可分,甚至是嵌入在整个学习过程中的,旨在通过测评任务引导学习者向着学习目标努力,从而实现有效学习。萨德勒(Sadler,1998)认为测评不应仅用于确定学习成果是否已实现,而应以有助于学生学习的方式提供绩效反馈。因此,虽然评学测评或总结性测评仍然是在完成学习计划时评估学生学习的重要部分,但促学测评应该被广泛地用于教学和学习活动中。

三、O-AMAS 中"促学型互动测评"的实施要点

促学测评帮助学生了解在学习过程中遇到的问题。

· 学生想要的状态/目标(我要去哪里？我怎么知道我到达了？)

· 学生现在的水平(我现在在哪里？我完成了什么？还差什么？)

· 学生如何缩小差距(我如何才能去我要去的地方？)

O-AMAS 模型中的有效测评指的是以促学为目的的互动式测评，简称"促学型互动测评"。这种测评首先是以促进学生学习为目的的。其次测评的方式是互动式的，即学生需要在与教师或同伴的互动中，完成测评任务，而非独自完成的纸笔测验。总体来说，有效的促学型互动测评须考虑以下要点。

(一)促学型互动测评必须与学习目标一致

教学目标是 O-AMAS 模型的首要环节，是整个教学设计的方向，因此测评的设计也需要向教学目标看齐。从整体测评的设计层面来看，与教学目标一致的测评需要明确预期的学习成果，确定具体的考核标准，运用与学习成果相关的测评任务，并依据考核标准衡量学生的学习效果。比格斯(Biggs,1996,2003)指出，这即是建构性一致原则(constructive alignment)。王等(Wang X. et al.,2013)的研究指出在更具建构性一致的课程中，学生"更有可能采用深度学习方法，并且不太可能在他们的研究中使用表面学习方法"。

(二)促学型互动测评必须结合有效的反馈

测评对于有效学习的促进作用不仅通过测评方法的设计实现，更重要的是通过测评后，学生收到有效反馈而实现。哈蒂(Hattie,2009)通过近 15 年的研究发现，从教学策略维度看，反馈是促进学业进步的最

有效方法之一。因此,我们强调,有效测评必须结合有效的反馈。

有效反馈通常具备以下六个特征。

第一,与学习目标一致。在给予反馈时,教师必须首先提醒学习者具体的学习目标是什么。例如,一名讲授英文写作课的教师给予学生反馈时,可以先提醒学生说:"我们本次写作任务目标是写出标准的文章开头段,包括引入、观点、主要内容提纲。"接下来这位教师再根据这一标准,逐条给出反馈。至于其他问题,如语言表达,本次反馈可以不做重点或暂不涉及。

第二,反馈应当是明确具体的。例如,我们去听某一位老师的课,然后在评价表上写到"很多学生上课都感到无聊"这样一句话。严格来说,这只是一个笼统的判断。根据这一信息,那位老师并不知道自己哪里做得好,哪里做得不好。相反,如果我们可以告诉老师说:"在班上 25名学生中有 12 名在课堂进行过程中出现持续的走神现象。然而,在小组活动开始后,只看到一个学生有这样的行为。"这种具体的反馈就会更好地帮助这位老师了解问题出在哪里。

第三,反馈应当提供可行动的信息。也就是说根据反馈学生能知道要做什么。比如我们教小朋友使用勺子,就要明确告诉他:"宝宝,不要整个手掌握住勺柄,用你的拇指和食指稍用力捏住勺柄,然后用中指从后面顶住。"而不是只不断地告诉他"使劲儿、使劲儿"。实际上,反馈越明确具体,其可行动性越强。

第四,反馈应当是及时的。想想我们自己写论文、交论文,然后一两个月之后才拿到老师的评语和成绩的时候,你还有兴趣仔细阅读老师的反馈吗?所以,作为教育工作者,我们应该想办法在学生还没忘记自己的努力目标,还对此项学习内容感兴趣的时候给予他们及时的反馈,这样反馈才能帮助他们进步。

第五,反馈应当是过程性的。我们给学生反馈的根本目的还是希望学生有机会利用反馈改进学习, 因此在学习者完成最终成果之前,不断地给予有效反馈,这样学习者才有机会修正表现,更好地实现目标。

第六,反馈应当是用户友好的。所谓用户友好的反馈是指让学习者乐于接受的反馈。首先要用符合反馈对象认知水平的语言进行反馈。比如用扭矩和其他物理概念来给一个 6 岁小孩儿讲解棒球的挥拍动作,很难使他成为一个好的击球手,因为他根本听不懂。其次,一次反馈最好只专注于 1~3 个关键点。过多的信息不仅会模糊重点,还会使学习者产生畏难情绪,无从下手。再次,用户友好的反馈应该尽量采用积极正向的方式。例如,我们与其对学生说:"你的论文逻辑不清。"不如说:"你能明确文章的第一部分和第二部分的关系是什么吗?"

(三)促学型互动测评必须能促进学生主动学习

传统的测评活动,大多以纸笔测验形式呈现,没有人际互动,从而磨灭了学生的主动性、积极性。O-AMAS 模型中的测评一定是基于师生互动和生生互动的活动。马克思主义哲学观点认为,人的本质属性是社会性。建构主义学习理论也认为学习是一种社会性行为,即学习者在人际互动中习得知识,建构意义。互动学习中,学习者的智力和情感同时被调动,交互作用,共同对学习效果产生影响。互动式测评就是本着这样的宗旨,一方面在互动中,使学生有机会就所学知识和技能主动输出,从而方便教师评估学生学习情况,另一方面互动式测评活动本身即为学生主动学习,进行思想交流的过程,进一步实现促学的目的。

在本章中,你将了解到 34 种促学型互动测评的方法。

四、O–AMAS 有效测评活动

活动 50 "学神"争霸

❀"种草"笔记

◇ 活动关键词

应用环节:快速激活☑　多元学习☐　有效测评☑　简要总结☑

参与形式:个人活动☐　两人活动☐　小组活动☑　全班活动☑

能力目标:记忆☑　理解☑　应用☐　分析☐　评价☐　创造☐

学习和创新	数字技能	职业和生活技能
批判性思维☑	信息技能☐	灵活性和适应性☐
解决问题能力☑	媒体技能☐	主动性和自我引导☑
创造性思维和创新能力☐	信息和通信技术☐	跨文化交际能力☐
沟通能力☑		富有生产力/值得信赖☐
协作能力☑		领导力和责任感☑

◇ 活动设计背景

"学神"争霸通过游戏式活动设计,学生多感官参与,活跃课堂气氛,学生认知提取过程注意力高度集中,解决教师直接提问课堂气氛沉闷的问题,达到调动学生积极情绪,强化认知的效果。

◇ 活动特点

多感官参与,趣味性强,反馈及时,有竞争性。

◇ 活动准备

(1)黑板或白板、粉笔或马克笔等;

(2)教师准备适合学生接力作答的题目,比如某一篇英语课文中学习的 10 个新词汇,某一原理的关键词,操作流程、步骤,等等。

◇ 活动实施(约 8 分钟)

(1)教师根据班级人数,将学生分为两组或多组,分别面向黑板(白板)站成一路纵队。

(2)教师指令:"下面我们将开展学神争霸赛。幻灯片上有 10 个关键词的首字母。每队最前面的同学跑向黑板写出答案,写完后,快速返回将笔交给队友,回到队尾。第二名同学跑向黑板,补全关键词。每名同学每次只能完成一个关键词。我们将采用接力的方式补全所有关键词。最先完成且全部正确的队伍获胜。开始!"

(3)教师指令:"我们以第一组的成果为例,一起核对答案。"

(4)教师提供答案,适时讲解与反馈,各小组核对答案。

(5)教师公布获胜的队伍并对全班同学予以鼓励。

◇ 活动变体

教师将学生分组,由教师提出问题,小组内完成接力答题,答案写在白纸上。答对最多的小组获胜。

❋ "种草"笔记

活动 51　大家说我来猜

◇ 活动关键词

应用环节:快速激活☑　多元学习☐　有效测评☑　简要总结☑
参与形式:个人活动☐　两人活动☐　小组活动☑　全班活动☐
能力目标:记忆☑　理解☑　应用☑　分析☐　评价☐　创造☐

学习和创新	数字技能	职业和生活技能
批判性思维☑	信息技能☐	灵活性和适应性☑
解决问题能力☑	媒体技能☐	主动性和自我引导☑
创造性思维和创新能力☑	信息和通信技术☐	跨文化交际能力☑
沟通能力☑		富有生产力/值得信赖☑
协作能力☑		领导力和责任感☐

◇ 活动设计背景:

游戏式、互动式活动设计,通过让学生描述某些学术术语,加深学生对概念的理解；通过小组竞争的方式，提高活动的趣味性，调动学生积极性。教师可以通过活动了解学生对知识的掌握程度，确定教学难点。

◇ 活动特点

多感官参与，趣味性强，互动性强，有竞争性。

◇ 活动准备

将知识要点或关键术语写在白纸上。每张白纸上只写一个要点或术语。也可以使用幻灯片显示术语。

◇ 活动实施（约8分钟）

（1）教师将学生分组，每组4~5人。

（2）教师指令："请每组选派一名猜词人，起立，背对黑板，面向组员。我将出示写在纸上的术语，小组成员向你们的猜词人解释这个术语。解释时，不能出现纸上显示的文字。猜词人根据小组成员的提示，猜测该术语，在此过程中不能回头。一旦猜对即可快速坐下。"，如图4-1所示。

图4-1　大家说我来猜活动样例图

（3）教师指令："第一轮开始。"

①教师举起一张写有要点或术语的白纸，给小组成员看。

②小组成员向本组的猜词者解释要点或术语，猜出后归位。

③教师依据现场情况，全部猜出后宣布本轮结束。也可规定猜词时间，到时间结束。

观看本活动视频

❄ "种草"笔记

(4)教师指令:"现在开始进行第二轮活动,各组换一名猜词人。"

(5)重复步骤(3),直到完成所有术语。

(6)教师针对猜词过程中的难点和重点进行精讲、点评。

◇ 大班活动变体

此活动不受班级人数限制。

活动 52　背贴互猜

◇ 活动关键词

应用环节:快速激活☑　多元学习☐　有效测评☑　简要总结☑

参与形式:个人活动☐　两人活动☐　小组活动☑　全班活动☐

能力目标:记忆☑　理解☑　应用☑　分析☐　评价☐　创造☐

学习和创新	数字技能	职业和生活技能
批判性思维☑	信息技能☐	灵活性和适应性☑
解决问题能力☑	媒体技能☐	主动性和自我引导☑
创造性思维和创新能力☐	信息和通信技术☐	跨文化交际能力☐
沟通能力☑		富有生产力/值得信赖☑
协作能力☑		领导力和责任感☑

◇ 活动设计背景

通过游戏式、互动式活动设计,创造信息差,激发学生的好奇心,增加信息的沟通渠道,以此解决"教师提问,学生回答"方式中存在的单向信息交流问题,并能够调动学生学习的积极性,提高课堂参与度。

◇ 活动特点

同伴学习,趣味性强,互动性强,主动学习。

◇ 活动准备

提前裁剪写有相关术语、原理或者概念的背胶纸。

◇ **活动实施**(约 8 分钟)

(1)教师将学生分组,每组 6 人。

(2)教师指令:"我手里有一些背胶卡片,请每组选出两名队员。我要把这些卡片随机贴到他们后背。"如图 4-2 所示。

(3)教师指令:"全体起立,站到中间的空地。我会播放音乐,当音乐响起时,请同学们在班内随意走动,找一位同学,向他描述其背后的概念,请他猜测概念名称。若成功猜出,则将背贴撕下归解释者所有。音乐停止时,撕掉背贴最多的小组获胜。开始!"

(4)教师巡视全场,监控活动进展,了解学习情况。

(5)教师指令:"时间到,回到小组,盘点'战果'。"

(6)教师宣布胜出的小组,点评概念、重点和难点。

图 4-2　背贴互猜:有效反馈的特征样例图

◇ **大班活动变体**

(1)全班学生分几个大组,组内活动。

(2)请学生自带双面胶自制背胶纸。学生写概念,在组内互贴。

❋"种草"笔记

活动 53　5 根手指猜猜猜

◇ 活动关键词

应用环节：快速激活☐　多元学习☐　有效测评☑　简要总结☑

参与形式：个人活动☐　两人活动☑　小组活动☐　全班活动☐

能力目标：记忆☑　理解☑　应用☑　分析☑　评价☑　创造☐

学习和创新	数字技能	职业和生活技能
批判性思维☑	信息技能☐	灵活性和适应性☑
解决问题能力☑	媒体技能☐	主动性和自我引导☑
创造性思维和创新能力☐	信息和通信技术☐	跨文化交际能力☐
沟通能力☑		富有生产力/值得信赖☐
协作能力☑		领导力和责任感☐

◇ 活动设计背景

利用最便捷的教具——手指，整理总结所学知识，形成具象化认知，促进学生主动思考，深入反思，有效总结。同伴互猜，深化知识理解。

◇ 活动特点

多感官参与，同伴学习，反馈及时，互动性强。

◇ 活动准备

画上手形状的 A4 纸（如图 4-3 所示）、记号笔。

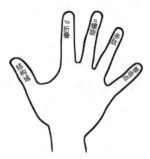

图 4-3　5 根手指猜猜猜：蛋白质的结构与功能的关键词样例图

◇ 活动实施(约 10 分钟)

(1)教师指令:"每位同学在白纸上用笔描画出自己左手或右手的手掌轮廓。然后把你对本节课中印象最深的 5 个知识点,用关键词、首字母或图形的方式分别在 5 根手指上表现出来。时间 2 分钟,开始!"

(2)学生开始活动,教师巡视活动开展情况,监督反馈。

(3)教师指令:"两人一组,轮流展示手指图,同伴猜出其关键词或首字母、图形所代表的意义。如同伴猜对,就击掌庆祝;若同伴猜错,则向同伴分享你的手指图所代表的信息。时间 6 分钟,开始!"

(4)学生开始活动,教师巡视全场,监督反馈。

(5)教师针对活动的整体情况进行点评和总结。

活动 54　我是"大侦探"

◇ 活动关键词

应用环节:快速激活☑　多元学习☐　有效测评☑　简要总结☑
参与形式:个人活动☐　两人活动☑　小组活动☐　全班活动☐
能力目标:记忆☐　理解☑　应用☑　分析☐　评价☑　创造☐

学习和创新	数字技能	职业和生活技能
批判性思维☑	信息技能☐	灵活性和适应性☑
解决问题能力☑	媒体技能☐	主动性和自我引导☑
创造性思维和创新能力☑	信息和通信技术☐	跨文化交际能力☑
沟通能力☑		富有生产力/值得信赖☑
协作能力☑		领导力和责任感☑

◇ 活动设计背景

该活动是"你说我猜"活动的逆向思维过程。通过提出有限的封闭性问题,猜测对方所写概念,促进学生对学过的内容进行系统回顾,锻炼逻辑思维能力。

✤ "种草"笔记

◇ 活动特点

操作简便,互动性强。

◇ 活动实施(约 10 分钟)

(1)教师指令:"两人一组。每人拿一张小纸条,写一个上节课学过的知识点或概念。时间 4 分钟,开始!"

(2)学生写概念。

(3)教师指令:"A 同学通过向 B 同学提问,猜测纸条上的内容。注意问题必须是封闭性的,即是否的问题。B 同学只能答'是'或者'不是'。A 同学最多能提 5 个问题。时间 2 分钟,开始!"如图 4-4 所示。

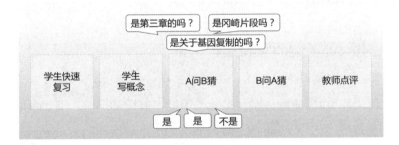

图 4-4　我是"大侦探"活动样例图

(4)A 同学提问,B 同学回答,时间到,活动结束。

(5)教师指令:"现在交换角色,B 同学提问,A 同学回答,时间 2 分钟,开始!"

(6)B 同学提问,A 同学回答,时间到,活动结束。

(7)重复上述步骤若干轮。

(8)教师根据学生提问和回答情况,进行重点点评。

◇ 活动小提示

可以与活动 47"全班一起转圈圈"结合,扩大学生交流范围。

◇ 大班活动变体

此活动不受班级规模限制。

扫一扫

观看本活动视频

活动 55 起起落落

◆ "种草"笔记

◇ 活动关键词

应用环节:快速激活☑ 多元学习☑ 有效测评☑ 简要总结☑

参与形式:个人活动☑ 两人活动☐ 小组活动☐ 全班活动☐

能力目标:记忆☑ 理解☑ 应用☐ 分析☑ 评价☑ 创造☐

学习和创新	数字技能	职业和生活技能
批判性思维☑	信息技能☐	灵活性和适应性☐
解决问题能力☑	媒体技能☐	主动性和自我引导☑
创造性思维和创新能力☐	信息和通信技术☐	跨文化交际能力☐
沟通能力☑		富有生产力/值得信赖☐
协作能力☑		领导力和责任感☐

◇ 活动设计背景

学生身体参与认知活动,可以调动学生积极性,克服倦怠感,提高学生的课堂参与度。同时也便于教师获得及时反馈,有针对性地开展直接讲授。

◇ 活动特点

全体参与,反馈及时,互动性强。

◇ 活动准备

教师准备用于判断对错的命题。

◇ 活动实施(约 5 分钟)

(1)教师指令:"全体起立。下面我会读一些陈述句,同意这个陈述的同学请保持站立姿势;不同意的同学请落座。"

(2)教师指令:"在布鲁姆认知目标层级中,分析比评价的层级更高,请判断。"

(3)学生根据自己的判断决定保持站立或坐下。

(4)教师观察学生选择,可简要点评。也可邀请某位学生陈述做出选择的理由,教师再进行点评。

(5)重复步骤(2)~(4)数次,活动结束。

◇ 活动小提示

在课堂应用该活动1~2次后,可以指导学生根据学习内容准备相关陈述,请全班同学完成“起起落落”活动。

◇ 大班活动变体

本活动不受学生人数限制。

“种草”笔记

活动56 亮牌选择/判断

◇ 活动关键词

应用环节:快速激活☑ 多元学习□ 有效测评☑ 简要总结□

参与形式:个人活动☑ 两人活动☑ 小组活动□ 全班活动□

能力目标:记忆☑ 理解☑ 应用□ 分析☑ 评价☑ 创造□

学习和创新	数字技能	职业和生活技能
批判性思维☑	信息技能□	灵活性和适应性□
解决问题能力☑	媒体技能□	主动性和自我引导☑
创造性思维和创新能力□	信息和通信技术□	跨文化交际能力□
沟通能力☑		富有生产力/值得信赖□
协作能力☑		领导力和责任感□

◇ 活动设计背景

通过翻牌方式,完成选择题或判断题,既可以帮助教师及时了解学生知识掌握情况, 也可以通过身体活动提高学生的课堂参与度。同时以同伴学习辅助教学,提升教学效果。

◇ 活动特点

全体参与,多感官参与,反馈及时,有一定的趣味性。

◇ 活动准备

教师需要提前在幻灯片上准备好选择题题目及选项或判断题题目,提前将 A、B、C、D 四种颜色选项卡或对错双色卡(如图 4-5 所示)通过班级群发送到学生的手机端。

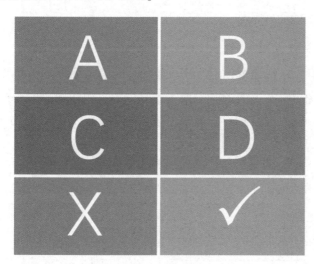

图 4-5　四色选项卡/对错双色卡示意图
(注:教师根据实际活动,选用不同颜色的卡片)

◇ 活动实施(约 5 分钟)

(1)教师在幻灯片上展示题目及选项。教学指令:"下面请一位同学朗读题目,朗读结束后,同学们用手机里的色卡做出相应的选择,时间 30 秒。"

(2)教师指令:"时间到,同学们高举手机,亮出你的答案。"

(3)教师快速查看学生的掌握情况。

(4)如果出现错误率较高的题目,教师指令:"此问题存在争议,有人选 A 有人选 B,请同学们两两一对,讨论 1 分钟。"

(5)教师巡视监控活动进展,了解学生的讨论情况。

(6)教师指令:"时间到,请大家再次亮出答案。"

(7)教师公布正确答案,并有针对性地进行讲解。

✿ "种草"笔记

◇ 大班活动变体

教师利用"问卷星""智慧树""雨课堂"等教学平台,将选择题题目或判断题输入平台,学生登录平台进行投票选择。

活动57   找朋友

◇ 活动关键词

应用环节:快速激活□   多元学习☑   有效测评☑   简要总结☑

参与形式:个人活动□   两人活动□   小组活动□   全班活动☑

能力目标:记忆□   理解☑   应用☑   分析☑   评价☑   创造□

学习和创新	数字技能	职业和生活技能
批判性思维☑	信息技能□	灵活性和适应性☑
解决问题能力☑	媒体技能□	主动性和自我引导☑
创造性思维和创新能力□	信息和通信技术□	跨文化交际能力☑
沟通能力☑		富有生产力/值得信赖☑
协作能力☑		领导力和责任感☑

◇ 活动设计背景

通过游戏化互动式活动设计,学生以找朋友的方式,阐述观点、交换信息、深化理解、分析问题,促使学生深入思考,调动学生学习主动性。

◇ 活动特点

多感官参与,趣味性较强,同伴学习。

◇ 活动准备

(1)准备便利贴或卡片。

(2)教师准备好课堂需要讨论的问题,并设计出不同的答案。如面对一种实际中可能遇到的问题,设计4种不同的策略选项或者解决问题的方法、途径、公式等。

◇ 活动实施(约 10 分钟)

(1)教师发放便利贴或卡片,在幻灯片上展示问题。

(2)教师指令:"请看幻灯片上的问题和选项,同学们在卡片上记录自己的选择。音乐响起时同学们在班级内走动;音乐停止,同学们随机配对,双方展示自己的选择,如果你们选择相同,那你们就是'朋友'。一对'朋友'共同讨论,提出 3 个以上理由说明为什么你们的答案是正确的,或者是最优的方案。如果选择不同,那么请各自阐述理由,说服对方。如果在规定时间内能够说服对方,你们就成为'朋友';如果不能达成共识,则配对失败。活动时长 3 分钟,开始!"

(3)教师巡视监控活动进展,了解讨论情况。

(4)教师指令:"时间到。选 A 的同学站到 A1 处,选 B 的同学站到 B1 处,选 C 的同学站到 C1 处,选 D 的同学站到 D1 处。"(A1、B1、C1、D1 为教室中方便站立的 4 个位置,教师发布指令的同时要伴随肢体动作,指示方向。)

(5)同学站立好后,教师指令:"请各组同学派出一个代表发言。"

(6)教师公布正确答案,并对讨论中出现的问题有针对性地讲解。

◇ 大班活动变体

(1)学生可以借助手机开展此项活动。

(2)可以在全部同学中进行或分组进行,上述(4)和(5)可依据具体情况省略。

活动 58　用手投票

❀ "种草"笔记

◇ 活动关键词

应用环节:快速激活☑　多元学习☐　有效测评☑　简要总结☐

参与形式:个人活动☑　两人活动☐　小组活动☐　全班活动☑

能力目标:记忆☑　理解☑　应用☐　分析☑　评价☑　创造☐

学习和创新	数字技能	职业和生活技能
批判性思维☑	信息技能☐	灵活性和适应性☐
解决问题能力☑	媒体技能☐	主动性和自我引导☑
创造性思维和创新能力☐	信息和通信技术☐	跨文化交际能力☐
沟通能力☑		富有生产力/值得信赖☐
协作能力☑		领导力和责任感☐

◇ 活动设计背景

用手投票,通过身体运动,既能实现快速反馈,又能调动学生多感官参与,提高回答问题的趣味性,激发学生的积极情绪,解决了选择题形式单一,学生参与积极性不高的问题。

◇ 活动特点

多感官参与,有趣味性,反馈及时。

◇ 活动准备

教师需要提前准备题目,打印在白纸上或制作在幻灯片课件中。如图 4-6 所示。

"用手投票"
你认为,在结构上最稳定的蛋白质二级结构是?

① α-螺旋和β-折叠

② β-转角和β-折叠

③ β-折叠和β-凸起

④ β-凸起和无规卷曲

图 4-6 用手投票:结构最稳定的蛋白质二级结构样例图

◇ 活动实施(约 10 分钟)

(1)教师指令:"现在开始投票,请大家高举右手,并用手指表示,1、2、3、4。"如图 4-7 所示。

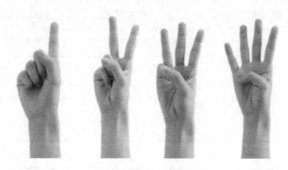

图 4-7　用手投票示意图

(2)教师指令:"现在大家看幻灯片上的选择题。"教师出示题目并指令:"请选择!"

(3)学生用手指选择。如果学生选择的正确率较高,教师可简单讲解点评,进行下一题。如果学生选择错误率较高,则可进行简短直接讲授、解释说明之后,再进行下一个题。

(4)重复步骤(2)~(3),直至完成所有题目。

(5)教师根据学生答题情况,有针对性地总结和精讲。

◇ 大班活动变体

学生通过网络或教学平台来进行投票。教师可以把选择结果的统计显示在大屏幕上,及时反馈投票结果。

活动 59　用脚投票

◇ 活动关键词

应用环节:快速激活☑　多元学习☐　有效测评☑　简要总结☐

参与形式:个人活动☑　两人活动☐　小组活动☐　全班活动☐

能力目标:记忆☑　理解☑　应用☑　分析☑　评价☐　创造☐

❋ "种草"笔记

学习和创新	数字技能	职业和生活技能
批判性思维☑	信息技能☐	灵活性和适应性☑
解决问题能力☑	媒体技能☐	主动性和自我引导☑
创造性思维和创新能力☐	信息和通信技术☐	跨文化交际能力☐
沟通能力☐		富有生产力/值得信赖☐
协作能力☐		领导力和责任感☐

◇ 活动设计背景

用脚投票,通过身体的运动,调动学生的多感官参与,提高回答问题的趣味性,激发学生的积极情绪。活动解决了选择题形式单一,学生参与积极性不高的问题,还可以帮助教师及时了解所有学生的学习情况。

◇ 活动特点

多感官参与,有趣味性,反馈及时。

◇ 活动准备

教师需要提前准备题目,打印在白纸上或制作在幻灯片课件中,可提前在区域内贴好 A、B、C、D 的标记。如图 4-8 所示。

> **"用脚投票"**
> 你认为,在结构上最稳定的蛋白质二级结构是哪两个?
>
> A. α-螺旋和β-折叠
>
> B. β-转角和β-折叠
>
> C. β-折叠和β-凸起
>
> D. β-凸起和无规卷曲

图 4-8 用脚投票:关于蛋白质二级结构稳定性的比较样例图

◇ 活动实施(约 6 分钟)

(1)教师指令:"现在我们做个活动,用脚来投票。我们把教室分成 A、B、C、D 4 个区域,教室前门到讲台间为 A 区,讲台到前面窗户处为 B 区。最后面的窗户处是 C 区,后门处是 D 区。"教师指令结合手势,确认学生正确理解4个区域的位置。

(2)教师指令:"现在大家看幻灯片上的选择题。根据你的选择,站到你认为是正确答案的区域去。"

(3)教师出示题目并指令:"请用脚进行投票选择!"

(4)学生在教室活动,站到不同区域。如果学生选择的正确率较高,教师可简单讲解点评后,快速进行下一题。如果学生选择错误率较高,则需要详细解释说明之后,再进行下一个题。

(5)重复步骤(3)和(4),直至完成所有题目。

(6)教师根据学生用脚投票的情况,有针对性地总结和精讲。

◇ 大班活动变体

如果班级人数较多,起立活动有困难,可以通过网络或教学平台来进行在线投票。

活动60　在线投票

◇ 活动关键词

🏵 "种草"笔记

应用环节:快速激活☑　多元学习☐　有效测评☑　简要总结☐

参与形式:个人活动☑　两人活动☐　小组活动☑　全班活动☐

能力目标:记忆☑　理解☑　应用☐　分析☑　评价☑　创造☐

学习和创新	数字技能	职业和生活技能
批判性思维☐	信息技能☑	灵活性和适应性☑
解决问题能力☑	媒体技能☑	主动性和自我引导☑
创造性思维和创新能力☐	信息和通信技术☑	跨文化交际能力☑
沟通能力☑		富有生产力/值得信赖☑
协作能力☐		领导力和责任感☐

◇ 活动设计背景

在线投票的方式,提高学生回答问题的安全感,调动全员参与;与同学讨论的方式,促进学生对问题深入思考,提高学生课堂参与度和学习有效性。

◇ 活动特点

同伴学习,反馈及时,操作简便。

◇ 活动准备

教师事先选择合适的在线教学平台,如"云班课""雨课堂""问卷星"等,准备相关题目,如图4-9所示。

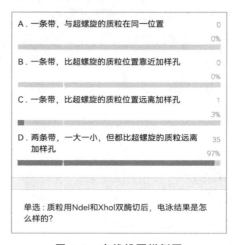

图4-9　在线投票样例图

◇ 活动实施(约5分钟)

(1)教师将学生分成4人一个小组。

(2)教师指令:"大家阅读题目,做出选择,完成投票,时间1分钟,开始!"

(3)学生投票完成后,以小组为单位,组内学生轮流阐述、解释选择的原因。

(4)教师根据同学讨论反映出的难点、重点进行讲解。

◇ 大班活动变体

(1)各小组提交书面评价,由教师选择小组进行汇报。

(2)采用虚拟头脑风暴墙的方式,提交至学习平台。

活动 61　我来挑错

◇ 活动关键词

应用环节:快速激活☑　多元学习☐　有效测评☑　简要总结☑

参与形式:个人活动☐　两人活动☑　小组活动☑　全班活动☐

能力目标:记忆☑　理解☑　应用☑　分析☐　评价☑　创造☐

学习和创新	数字技能	职业和生活技能
批判性思维☑	信息技能☐	灵活性和适应性☐
解决问题能力☑	媒体技能☐	主动性和自我引导☑
创造性思维和创新能力☐	信息和通信技术☐	跨文化交际能力☑
沟通能力☑		富有生产力/值得信赖☑
协作能力☑		领导力和责任感☑

◇ 活动设计背景

通过设置错误内容,激发好奇心,以小组、两人配对的方式,定位问题,完成"挑错",既可以帮助学生回顾知识,又可以实现对问题的深度思考,实现主动学习、深度学习。活动可应用于文献阅读、学生写作过程中的相互评阅等,也可应用于实践类或流程类知识技能,如动作展示、流程顺序等。

◇ 活动特点

主动学习,深度学习,同伴学习。

◇ 活动准备

教师需要提前准备相关材料,如视频、音频、文字、图片等,其中文字和图片可根据具体情况,打印备用。

◇ 活动实施(约 13 分钟)

(1)教师将学生分成 4~6 人的小组,每组确定发言人。

(2)教师指令:"大家即将拿到一份有问题的材料,请仔细阅读,找到'毛病'并改正。时间5分钟。开始！"

(3)各小组学生先自行阅读,再组内讨论,找出材料中的错误之处,并完成修订。

(4)教师巡视监控活动进展,了解学生讨论情况。

(5)教师指令:"时间到。请每组发言人代表小组发言,每组1分钟。"各组依次发言。

(6)教师回顾材料并公布正确答案,针对学生纠错情况进行精讲、点评和反馈。

◇ 大班活动变体

(1)各小组提交书面评价,由教师选择小组进行汇报。

(2)采用虚拟头脑风暴墙的方式,提交至学习平台。

✿ "种草"笔记

活动 62　找不同

◇ 活动关键词

应用环节:快速激活☐　多元学习☑　有效测评☑　简要总结☑

参与形式:个人活动☑　两人活动☑　小组活动☑　全班活动☐

能力目标:记忆☐　理解☐　应用☐　分析☐　评价☑　创造☑

学习和创新	数字技能	职业和生活技能
批判性思维☑	信息技能☐	灵活性和适应性☑
解决问题能力☐	媒体技能☐	主动性和自我引导☑
创造性思维和创新能力☐	信息和通信技术☐	跨文化交际能力☑
沟通能力☑		富有生产力/值得信赖☑
协作能力☑		领导力和责任感☐

◇ 活动设计背景

对比和比较是一种重要的认知方式。在学习过程中,针对两张图片或两段文字内容,让学生快速找出其不同之处,任务驱动,调动学生学习的积极性,注意力集中,快速唤起认知,促进学生对知识的记忆、理解、分析。

◇ **活 动 特 点**

多感官参与,主动学习。

◇ **活 动 准 备**

教师需要准备与教学内容相关的两张图片或两段文字内容。

◇ **活 动 实 施**(约 10 分钟)

(1)教师将学生分组,4~5 人一组。

(2)教师指令:"现在我们要完成一个'找不同'的活动。这里有两张图片,请小组同学根据所学知识内容,快速找出两张图片的不同,并将其写在纸上。时间 2 分钟。请准备好纸和笔,开始!"

(3)教师指令:"时间到。请相邻两组交换结果。小组讨论,同意其不同点的,请打对勾,不同意的画问号。时间 2 分钟,开始!"

(4)教师指令:"请获得最多对勾的小组,阐述找到的不同,并简要解释。"

(5)教师有针对性地反馈和讲解不同之处及其原理。

◇ **教 学 案 例**

课程名称:微生物生理学

教学对象:微生物学专业基础课程

教学内容:细胞结构和功能,原核生物和真核生物细胞结构特点。

教学活动:两种细胞结构找不同(如图 4-10、图 4-11 所示)。

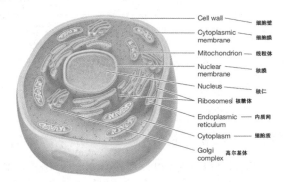

图 4-10　找不同:真核生物细胞的结构

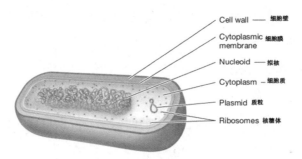

图 4-11   找不同:原生物细胞的结构

❄"种草"笔记

活动 63   制作韦恩图

◇ 活动关键词

应用环节:快速激活☐   多元学习☑   有效测评☑   简要总结☐

参与形式:个人活动☐   两人活动☑   小组活动☑   全班活动☐

能力目标:记忆☐   理解☑   应用☑   分析☑   评价☑   创造☐

学习和创新	数字技能	职业和生活技能
批判性思维☑	信息技能☐	灵活性和适应性☑
解决问题能力☑	媒体技能☐	主动性和自我引导☑
创造性思维和创新能力☑	信息和通信技术☐	跨文化交际能力☐
沟通能力☑		富有生产力/值得信赖☑
协作能力☑		领导力和责任感☑

◇ 活动设计背景

韦恩图既可以用来做类比,也可以用来做对比。类比重点关注两个看似不同的事物之间深层结构的相似性,而对比则通过比较两个或多个看似相同的例子找到其中的细微差别。

该活动要求学生根据听讲内容绘制韦恩图,如图 4-12 所示。学生带着任务听讲,实现了教师直接讲授与学生任务输出的有机结合。学生绘制韦恩图,整合信息、分类对比、评估评价,形成对不同概念间异同更加直观清晰的认识,实现思维过程可见化,促进主动学习和深度学习。

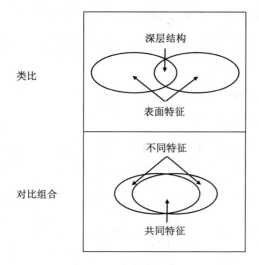

图 4-12　韦恩图示意图

◇ 活动特点

多感官参与,主动学习,深度学习,同伴学习。

◇ 活动准备

(1)白纸、彩笔等。

(2)教师准备供学生学习的文字或视频资料。

◇ 活动实施(约 10 分钟)

(1)教师指令:"下面我将针对……问题,讲解 15 分钟。讲解结束后,小组合作将本部分内容绘制成完整的韦恩图,清晰地展示各部分内容的内在逻辑关系。韦恩图的基本形状是这样的。"教师给出韦恩图的示例。

(2)教师直接讲授一段学习内容。

(3)小组讨论,整理和总结所学内容,在白纸上绘制韦恩图。教师在课堂上巡回指导。

(4)教师邀请一个小组讲解韦恩图,教师进行点评。其他小组对照自己的韦恩图,查漏补缺。

◇ 大班活动变体

(1)学生个人独立绘制,拍照后提交至教学平台。

(2)可邻座两两配对讨论后绘制韦恩图,提交至教学平台。

✿"种草"笔记

活动 64　制作桥图

◇ 活动关键词

应用环节:快速激活☐　多元学习☑　有效测评☑　简要总结☐

参与形式:个人活动☐　两人活动☑　小组活动☐　全班活动☐

能力目标:记忆☐　理解☑　应用☑　分析☑　评价☐　创造☐

学习和创新	数字技能	职业和生活技能
批判性思维☑	信息技能☐	灵活性和适应性☑
解决问题能力☑	媒体技能☐	主动性和自我引导☑
创造性思维和创新能力☑	信息和通信技术☐	跨文化交际能力☐
沟通能力☑		富有生产力/值得信赖☑
协作能力☑		领导力和责任感☑

◇ 活动设计背景

桥图(bridge map),一般用来做类比,重点关注两个看似不同的事物之间的深层相似性。绘制桥图,可以帮助学生建立起新知与旧知之间的类比关系,促进新知的学习,实现思维可见化,促进深度学习。

◇ 活动特点

多感官参与,主动学习,深度学习,同伴学习。

◇ 活动准备

教师准备可供类比概念的文字或视频资料,通过教学平台将内容资料发送给学生,学生提前完成预习。

◇ **活动实施**(约 10 分钟)

(1)教师指令:"请大家根据对课前学习内容的理解,两两一组,完成类比图,也叫桥图。例如,氨基酸是构成蛋白质的基本单位,就像核苷酸是……"如图 4-13 所示。

相关性:……是组成……的基本单位

图 4-13 桥图样例图

(2)学生两人一组讨论和绘制桥图,教师巡回指导。

(3)时间到。学生拍照,提交至教学平台。

(4)教师将学生提交的桥图投屏,重点点评、讲解。

◇ **大班活动变体**

此活动不受班级人数规模限制。

活动 65 制作流程图

◇ **活动关键词**

应用环节:快速激活☐ 多元学习☑ 有效测评☑ 简要总结☐

参与形式:个人活动☐ 两人活动☑ 小组活动☑ 全班活动☐

能力目标:记忆☐ 理解☑ 应用☑ 分析☑ 评价☑ 创造☐

学习和创新	数字技能	职业和生活技能
批判性思维☑	信息技能☑	灵活性和适应性☑
解决问题能力☑	媒体技能☐	主动性和自我引导☑
创造性思维和创新能力☑	信息和通信技术☐	跨文化交际能力☐
沟通能力☑		富有生产力/值得信赖☑
协作能力☑		领导力和责任感☑

❄ "种草"笔记

◇ 活动设计背景

通过绘制流程图,帮助学生对程序性知识等动态内容形成整体认知。流程图有很多种样式,如图 4-14 展示的是 DNA 提取过程的一种流程图,第一列的大方格填入大的步骤,每个大方格右面的小方格写相应的具体步骤。

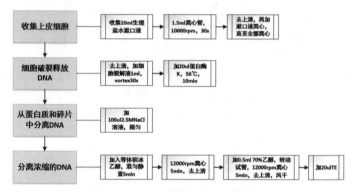

图 4-14   DNA 提取流程图样例图

◇ 活动特点

多感官参与,主动学习,深度学习,同伴学习。

◇ 活动准备

教师准备供学生学习的文字或视频资料,纸、彩笔等。

◇ 活动实施(约 8 分钟)

(1)教师指令:"同学们独立阅读 5 分钟。阅读结束后,小组合作将本部分内容绘制成完整的流程图,以清晰地展示各部分内容的内在逻辑关系。流程图的基本形状是这样的。"教师给出流程图的示例。

(2)个人阅读后,学生小组讨论,绘制流程图。教师在课堂上巡回指导。

(3)教师请一个小组学生讲解流程图,教师点评。其他学生对照自己的流程图查漏补缺。

◇ 大班活动变体

大班可邻座两人讨论后绘制,提交至教学平台进行交流讨论。

扫一扫
观看本活动视频

活动 66　制作 T 型图

�֍ "种草"笔记

◇ 活动关键词

应用环节:快速激活☐　多元学习☑　有效测评☑　简要总结☐

参与形式:个人活动☐　两人活动☐　小组活动☑　全班活动☐

能力目标:记忆☐　理解☑　应用☑　分析☑　评价☑　创造☐

学习和创新	数字技能	职业和生活技能
批判性思维☑	信息技能☐	灵活性和适应性☐
解决问题能力☑	媒体技能☐	主动性和自我引导☑
创造性思维和创新能力☑	信息和通信技术☑	跨文化交际能力☐
沟通能力☑		富有生产力/值得信赖☑
协作能力☑		领导力和责任感☑

◇ 活动设计背景

T 型图,即树型图(tree map),主要用于分组或分类的一种图,包括主题、一级类别、二级类别等。T 型图适合展现具有层级关系的数据,能够直观体现同级之间的比较。T 型图可以帮助学生整理和归纳所学知识,形成完整的知识体系。T 型图的基本形状如图 4-15 所示。

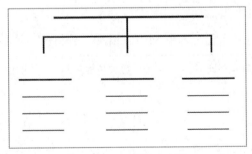

图 4-15　T 型图示意图

◇ 活动特点

多感官参与,主动学习,深度学习,同伴学习。

◇ 活动准备

教师准备供学生学习的文字或视频资料。

◇ 活动实施(约 10 分钟)

(1)教师将学生分组,4~6 人一组。

(2)教师指令:"下面我将针对……问题,讲解 10 分钟。讲解结束后,各小组根据我的讲授,将本部分内容绘制成完整的 T 型图,清晰地展示各部分内容的内在逻辑关系。T 型图的基本形状是这样的。"教师给出 T 型图的示例。

(3)教师指令:"小组讨论,绘制 T 型图,时间 6 分钟,开始!"

(4)学生进行小组讨论,绘制 T 型图。教师在课堂上巡回指导。

(5)教师邀请一个小组讲解 T 型图,教师进行点评。其他小组对照自己的 T 型图查漏补缺。

◇ 大班活动变体

大班可邻座两人讨论后绘制,在教学平台中交流讨论。

✿ "种草"笔记

活动 67　制作 E 型图

◇ 活动关键词

应用环节:快速激活☐　多元学习☑　有效测评☑　简要总结☑

参与形式:个人活动☐　两人活动☑　小组活动☑　全班活动☐

能力目标:记忆☐　理解☑　应用☑　分析☑　评价☑　创造☐

学习和创新	数字技能	职业和生活技能
批判性思维☑	信息技能☐	灵活性和适应性☑
解决问题能力☑	媒体技能☐	主动性和自我引导☑
创造性思维和创新能力☑	信息和通信技术☑	跨文化交际能力☐
沟通能力☑		富有生产力/值得信赖☑
协作能力☐		领导力和责任感☑

◇ 活动设计背景

E 型图因图的样子像字母 E 得名,类似括号图,用于分析整体与局部的关系。E 型图可以帮学生整理归纳知识,形成所学内容的完整知识体系。E 型图的基本形状如图 4-16 所示。

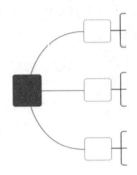

图 4-16　E 型图示意图

◇ 活动特点

多感官参与,主动学习,深度学习,同伴学习。

◇ 活动准备

教师准备供学生学习的文字或视频资料。

◇ 活动实施(约 10 分钟)

(1)教师指令:"下面我将针对……问题,讲解 10 分钟。讲解结束后,根据我讲授的内容,两两一对,讨论如何将本部分内容绘制成完整的 E 型图, 以清晰地展示各部分内容的内在逻辑关系。E 型图的基本形状是这样的。"教师给出 E 型图的示例。

(2)讲解结束,教师指令:"两人一组讨论,绘制 E 型图,时间 5 分钟,开始!"

(3)教师在课堂上巡回观察指导。

(4)时间到,学生将成果提交至在线学习平台。同学阅读点赞。教师选取点赞数最多的小组重点讲解、点评。

◇ 大班活动变体

此活动不受班级人数限制。

✿ "种草"笔记

活动 68　制作锚图

◇ 活动关键词

应用环节:快速激活☐　多元学习☑　有效测评☑　简要总结☑

参与形式:个人活动☐　两人活动☑　小组活动☑　全班活动☐

能力目标:记忆☐　理解☑　应用☑　分析☑　评价☑　创造☐

学习和创新	数字技能	职业和生活技能
批判性思维☑	信息技能☐	灵活性和适应性☑
解决问题能力☑	媒体技能☐	主动性和自我引导☑
创造性思维和创新能力☑	信息和通信技术☑	跨文化交际能力☐
沟通能力☑		富有生产力/值得信赖☑
协作能力☑		领导力和责任感☑

◇ 活动设计背景

锚图是将知识进行系统整理之后,总结出来的提纲、方法、策略、思路等,搭配简单的图文,有助于学生巩固记忆和迁移运用。锚图跟思维导图类似,都可以系统总结所学的知识,主要的区别在于,锚图中有更多的图像,以图为"锚",促进记忆。锚图中的"图",可以手绘,也可以打印后粘贴。锚图的基本形状如图 4-17 所示。

◇ 活动特点

多感官参与,主动学习,深度学习,同伴学习。

◇ 活动准备

(1)剪刀、胶棒、彩纸、彩笔、白纸等。

(2)教师准备供学生学习的文字或视频资料。

◇ 活动实施(约 10 分钟)

(1)教师将学生分组,4~5 人一组。

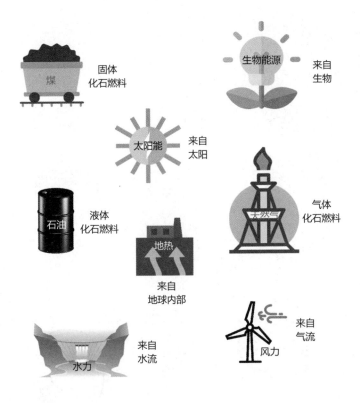

图 4-17　锚图样例图

(2)学生输入阶段:可采用教师讲授、学生合作学习或学生独立阅读完成内容的学习。

(3)教师指令:"请小组讨论如何将本部分内容绘制成完整的锚图,清晰地展示各部分内容的内在逻辑关系。锚图的基本样式是这样的。"教师给出锚图的示例,如图 4-18 所示。

(4)学生小组讨论,绘制锚图,对所学内容进行整理和总结。教师在课堂上巡回指导。

(5)教师邀请 1~2 名学生讲解自己小组绘制的锚图,教师进行点评。其他学生对照自己的锚图查漏补缺。

图 4-18　制作锚图：O-AMAS 有效教学活动锚图样例图

◇ **大班活动变体**

大班可邻座两人讨论后绘制锚图，在教学平台中交流讨论。

"种草"笔记

活动 69　剪贴画

◇ **活动关键词**

应用环节：快速激活□　多元学习☑　有效测评☑　简要总结☑

参与形式：个人活动□　两人活动☑　小组活动☑　全班活动□

能力目标：记忆□　理解☑　应用☑　分析☑　评价☑　创造□

学习和创新	数字技能	职业和生活技能
批判性思维☑	信息技能☐	灵活性和适应性☑
解决问题能力☑	媒体技能☐	主动性和自我引导☑
创造性思维和创新能力☑	信息和通信技术☑	跨文化交际能力☑
沟通能力☑		富有生产力/值得信赖☑
协作能力☑		领导力和责任感☑

◇ 活动设计背景

基于内容制作剪贴画是一种手脑并用、多感官参与的学习活动,既可以帮助学生熟练地掌握概念,也可以和概念配对(活动 18)、知识卡排序(活动 19)、支架式思维导图(活动 24)等活动结合在一起使用。在讨论时,要求学生说出选择的依据、意义、分析评价,实现高层级教学目标。

◇ 活动特点

多感官参与,主动学习,深度学习,同伴学习。

◇ 活动准备

教师准备供学生学习所用的文字或视频资料,剪刀、胶棒、彩纸、彩笔等。

◇ 活动实施(约 15 分钟)

(1)学生输入阶段:可采用教师讲授或学生合作学习或学生独立阅读完成学习内容。

(2) 教师指令:"请小组讨论如何将本部分内容制作成剪贴画,以清晰地展示各部分内容的内在逻辑关系。剪贴画的基本样式是这样的,大家可以用创意方式呈现。"教师给出剪贴画的示例,如图 4-19 所示。

(3)学生小组讨论,制作剪贴画,对所学习内容进行归纳和总结;完成后将剪贴画张贴至教室内;教师提供网络指导或在课堂上巡回指导。

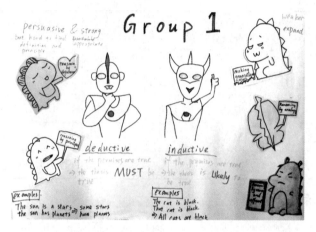

图 4-19　制作剪贴画：O-AMAS 有效教学设计样例图

(4)教师邀请一组同学讲解剪贴画。

(5)教师根据学生作品中反映出的难点进行点评。

◇ 大班活动变体

大班可邻座两人讨论后绘制剪贴画，在教学平台中交流讨论。

"种草"笔记

活动 70　创意车间

◇ 活动关键词

应用环节：快速激活□　多元学习☑　有效测评☑　简要总结□

参与形式：个人活动□　两人活动□　小组活动☑　全班活动□

能力目标：记忆☑　理解☑　应用☑　分析☑　评价☑　创造☑

学习和创新	数字技能	职业和生活技能
批判性思维☑	信息技能☑	灵活性和适应性☑
解决问题能力☑	媒体技能☑	主动性和自我引导☑
创造性思维和创新能力☑	信息和通信技术☑	跨文化交际能力□
沟通能力☑		富有生产力/值得信赖☑
协作能力☑		领导力和责任感☑

◇ 活动设计背景

对于较抽象和复杂的知识,学生只通过听讲、看书和看课件较难理解和真正掌握。创意车间通过手脑并用,多感官参与,以同伴合作方式,实现知识视觉化呈现,让学生更好地掌握学习内容,提高学习兴趣和学习效率。

◇ 活动特点

主动学习,全体参与,趣味性强。

◇ 活动准备

多媒体,各种可用于手工制作的材料,如卡纸、彩色复印纸、扭扭棒、橡皮泥、透明胶带等,按组进行放置。

◇ 活动实施(约 20 分钟)

(1)教师指令:"今天我们学习核酸的分子结构。接下来,我先讲解。然后大家以小组为单位,用彩纸制作两条互补配对的 DNA 链。"教师直接讲授。

(2)教师指令:"请各组根据我的讲授,制作分子模型,时间 10 分钟。开始!"

(3)学生制作教具,教师巡回观察,进行指导。

(4)教师指令:"时间到。请小组利用所制作的分子模型(如图 4-20 所示),演示并讲解核酸的分子结构要点。时间 5 分钟。"

(5)学生边演示边讲解,组内成员录制讲解视频,上传至教学平台。

(6)教师根据学生讲解操作情况,答疑点评。

◇ 大班活动变体

可将过程的演示、讲解和视频录制作为课后作业,学生把视频提交到学习平台。

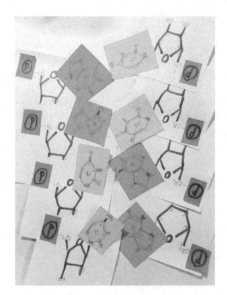

图 4-20　创意车间：DNA 双螺旋分子结构样例图

✤"种草"笔记

活动 71　录制实验操作视频

◇ 活动关键词

应用环节:快速激活☐　多元学习☑　有效测评☑　简要总结☐

参与形式:个人活动☐　两人活动☑　小组活动☐　全班活动☐

能力目标:记忆☑　理解☑　应用☑　分析☑　评价☑　创造☑

学习和创新	数字技能	职业和生活技能
批判性思维☑	信息技能☑	灵活性和适应性☑
解决问题能力☑	媒体技能☑	主动性和自我引导☑
创造性思维和创新能力☑	信息和通信技术☑	跨文化交际能力☐
沟通能力☑		富有生产力/值得信赖☑
协作能力☑		领导力和责任感☑

◇ 活动设计背景

"知易行难",通过录制视频活动,帮助学生掌握关键实验技能,通过为同伴录制视频,在评价他人、教别人的过程中,进行同伴学习,促进深度学习和主动学习。

◇ 活动特点

同伴学习,趣味性高,互动性强。

◇ 活动准备

(1)实验课程所需设备、材料。

(2)教师根据教学重点,确定待录制的内容及录制视频的要求。

(3) 学生准备可以录制视频的电子设备,下载并测试视频录制软件。

◇ 活动实施(约 15 分钟)

(1)教师指令:"下面我将播放一段微量移液器操作方法的视频,同学们边观看边记录要点。视频学习完成后,两人一组,分别示范微量移液器的操作要点,相互录制视频。"如图 4-21 所示。

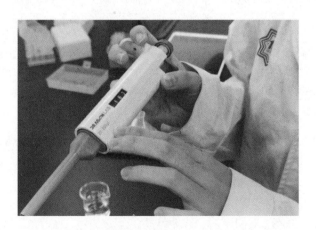

图 4-21　录制实验操作视频:微量移液器的使用方法样例图

(2)教师播放微量移液器的使用视频,并进行要点解说。

(3)学生两人一组,互相录制实验操作步骤。教师巡视,对发现的问题进行及时精确指导及必要演示。

(4)教师有针对性地给予整体点评和反馈。

◇ 大班活动变体

可分组进行,组内两人一组录制视频,按组提交操作和录制均较好的视频,作为本组的最终作业提交。

"种草"笔记

活动 72　我是出题人

◇ 活动关键词

应用环节:快速激活☐　多元学习☐　有效测评☑　简要总结☑

参与形式:个人活动☐　两人活动☐　小组活动☑　全班活动☐

能力目标:记忆☑　理解☑　应用☑　分析☑　评价☑　创造☑

学习和创新	数字技能	职业和生活技能
批判性思维☑	信息技能☑	灵活性和适应性☐
解决问题能力☑	媒体技能☑	主动性和自我引导☑
创造性思维和创新能力☑	信息和通信技术☐	跨文化交际能力☐
沟通能力☑		富有生产力/值得信赖☑
协作能力☑		领导力和责任感☑

◇ 活动设计背景

通过角色互换,学生变成出题人,以任务驱动,实现学生主动学习、深度学习和同伴学习,利于学生对知识的梳理和总结。活动有反馈,有组内竞争,学生更乐于参与,全班题目汇集成题库为复习提供资料。

◇ 活动特点

多感官参与,主动学习,深度学习。

◇ 活动实施(约 25 分钟)

(1)学生分组,每组 4 人。

(2)教师指令:"小组内 4 名同学分别针对本小节内容出题,题目的类型是客观题,要有标准答案,选择题、填空题、判断题均可,每人出 2 道题。开始!"

(3)个人出题后,组内互相交换题目答题,保证每个人都做过所有组内其他成员的题目。

(4)组内交流,针对题目本身和所学内容进行反馈和修改完善,并选出设计合理、内容得当的优秀题目,纳入班级题库。

(5)组间交换作答(此步骤如时间紧张可置于课后),各组优秀题目纳入班级题库,成为全班的复习资源。

活动73　你讲我评

❄❄"种草"笔记

◇ 活动关键词

应用环节:快速激活☐　多元学习☑　有效测评☑　简要总结☐

参与形式:个人活动☐　两人活动☐　小组活动☑　全班活动☐

能力目标:记忆☐　理解☐　应用☑　分析☑　评价☑　创造☑

学习和创新	数字技能	职业和生活技能
批判性思维☑	信息技能☐	灵活性和适应性☑
解决问题能力☑	媒体技能☐	主动性和自我引导☑
创造性思维和创新能力☑	信息和通信技术☑	跨文化交际能力☐
沟通能力☑		富有生产力/值得信赖☑
协作能力☑		领导力和责任感☑

◇ 活动设计背景

年龄相仿、知识背景相似的学生进行互动式的同伴学习,克服了专家向新手传递信息的路径困境,有利于学生更好地消化吸收知识,减轻学习焦虑,同时能够培养学生的团队协作和沟通能力。

◇ 活动特点

多感官参与,同伴学习,反馈及时。

◇ 活动准备

(1)教师:提前分组,布置待展示和讲解的内容和展讲要求,明确考评的要求(如图 4-22 所示)。打印考评标准,供学生评分时使用。

1. Is it a survey report not an argumentative essay?
2. Is the report organized into three parts?
3. Is the information about what, why, how, when, and where clearly offered?
4. Is the findings organized into different categories?
5. Within each category, is an overall finding offered before details?
6. Is the conclusion a proper one offering no new idea?
7. Is formal and objective language used in the report?

图 4-22　调查报告评价标准(survey report evaluation criteria)

(2)学生:按照要求,分组进行展讲准备。

◇ **活动实施**(15~20 分钟)

(1)教师指令:"现在请第一组的代表进行展讲,时间是 10 分钟。其他同学在听讲的过程中,参考考评标准进行打分,总分 10 分,具体细则在打印的材料上。"教师分发考评标准。

(2)教师指令:"评委岗前培训,同学两两一对,一起阅读评价标准,澄清疑问,时间一分半钟,开始!"

(3)教师指令:"时间到。展讲开始。第一组的同学在规定时间内,使用幻灯片展讲;其余同学听讲,依据评分标准打分。"

(4)展讲结束,教师指令:"现在请第二组的第一位同学根据考评标准对展讲进行评价反馈。时间 2 分钟。"

(5)教师指令:"请第三组的第二位同学给予反馈,注意只能补充发言,不能重复其他人的发言内容。时间 1 分钟。"

(6)活动结束,教师对展讲和反馈的总体情况进行小结精讲。

◇ **活动小提示**

(1)本活动可与"1+1+1"反馈接力活动(活动 49)结合使用,学生对展讲既给出书面分数,又给予口头反馈。

(2)得分表可以使用网上小程序,如"问卷星",以便及时显示分数和统计结果。

◇　大班活动变体

(1)可以利用学习平台或手机软件,进行反馈和打分。

(2)可以进行组内展示、反馈。组内活动结束后,教师选取一个小组进行全班展示,进行反馈接力和点评。

(3)学生在课下录制展讲视频,提交到教学平台或学习群中,学生在课下观看和打分,教师在课上选取一个小组展演、反馈和总结。

活动74　递纸条

◇　**活动关键词**

应用环节:快速激活☑　多元学习☐　有效测评☑　简要总结☑

参与形式:个人活动☐　两人活动☐　小组活动☑　全班活动☐

能力目标:记忆☑　理解☑　应用☑　分析☐　评价☐　创造☐

学习和创新	数字技能	职业和生活技能
批判性思维☑	信息技能☐	灵活性和适应性☑
解决问题能力☑	媒体技能☐	主动性和自我引导☐
创造性思维和创新能力☐	信息和通信技术☐	跨文化交际能力☐
沟通能力☑		富有生产力/值得信赖☑
协作能力☑		领导力和责任感☐

◇　**活动设计背景**

本活动可检测学生对相关知识的学习效果,激活学生已有认知;适当的肢体活动有助于唤醒学生的注意力,同伴合作可以激发学生的积极情感,同时全体学生都可参与,提高课堂学习效率。

◇　**活动特点**

多感官参与,全体参与,同伴学习,操作简便,互动性强。

❈ "种草"笔记

◇ 活动准备

便利贴或者大小相同的纸张。

◇ 活动实施(约 10 分钟)

(1)教师将学生分组,4~5 人一组。组内每人一张便利贴或者纸条。

(2)教师指令:"每人写下'某主题',例如'进近管制中的典型飞行冲突'的 3 条信息。时间 2 分钟,开始!"

(3)学生写下 3 条相关信息。

(4)教师指令:"把自己的纸条交给组内左手边同学。在收到同学的纸条后,从 3 条信息中,勾选自己最感兴趣的一条,并把纸条传回原主人。开始!"

(5)学生顺时针传递纸条,勾选最感兴趣的一条,逆时针交回纸条。

(6)针对被勾选的信息内容,学生组内轮流分享。教师巡视监控活动进展,收集学生观点,发现学习难点。

(7)教师点评学生的观点,讲解难点和要点。

❀ "种草"笔记

活动 75　旋转木马

◇ 活动关键词

应用环节:快速激活☑　多元学习☐　有效测评☑　简要总结☑

参与形式:个人活动☐　两人活动☐　小组活动☑　全班活动☐

能力目标:记忆☑　理解☑　应用☑　分析☑　评价☑　创造☐

学习和创新	数字技能	职业和生活技能
批判性思维☑	信息技能☑	灵活性和适应性☑
解决问题能力☑	媒体技能☐	主动性和自我引导☑
创造性思维和创新能力☐	信息和通信技术☐	跨文化交际能力☐
沟通能力☑		富有生产力/值得信赖☑
协作能力☑		领导力和责任感☑

◇ 活动设计背景

在一些班级人数较多,桌椅固定的教学环境中,大范围的学习活动较为受限。旋转木马能有效地解决这个问题,人不动纸动,学生通过传递纸张完成信息传递和交流。该活动的后半部分可用于帮助学生总结所学的内容、测评学习效果和进行自主反馈,实现主动学习、深度学习。

◇ 活动特点

全体参与,反馈及时,操作简便。

◇ 活动准备

不同颜色的彩笔,若干 A4 纸。

◇ 活动实施(约 10 分钟)

(1)教师将学生分组,4 人一组,指定其中一人为记录员。教师给每组分发不同主题的纸张和不同颜色的彩笔。

(2)教师指令:"1 分钟内,写出指定主题的相关信息,开始!"学生开始书写。

(3)教师指令:"时间到,将纸张传给下一组。在 1 分钟内,在新的分主题下补充相关信息,越多越好。"

(4)重复步骤(2)(3),直到每组拿到自己组的第一张分主题纸。

(5)教师指令:"各组讨论,圈出 3 个你们认为最关键的信息,时间1 分钟。"

(6)小组讨论,教师关注讨论情况。

(7)教师请部分小组用圈定的 3 个关键词,向整个班级描述和介绍此主题。

(8)教师根据同学发言情况,进行精讲点评。

活动 76   漂流瓶

◇ 活动关键词

应用环节：快速激活☐   多元学习☑   有效测评☑   简要总结☐

参与形式：个人活动☐   两人活动☐   小组活动☐   全班活动☑

能力目标：记忆☐   理解☐   应用☑   分析☑   评价☑   创造☑

学习和创新	数字技能	职业和生活技能
批判性思维☑	信息技能☑	灵活性和适应性☑
解决问题能力☑	媒体技能☐	主动性和自我引导☑
创造性思维和创新能力☑	信息和通信技术☐	跨文化交际能力☑
沟通能力☑		富有生产力/值得信赖☑
协作能力☑		领导力和责任感☑

◇ 活动设计背景

通过设置问题情景，小组协作，将所学知识应用于实际问题，激发主动学习，利于同学间交流和形成认同。

◇ 活动特点

多感官参与，主动学习，同伴学习，全体参与，趣味性强，互动性强。

◇ 活动准备

教师需要提前准备轻质的彩色漂流瓶或信封(如图 4-23、图 4-24所示)，数量与分组个数相同。

图 4-23   漂流瓶样例图

图 4-24   信封样例图

◇ 活动实施(约 25 分钟)

(1)教师将学生分组,4~6 人一组。教师给每组发一个不同颜色的漂流瓶或信封。

(2)教师指令:"各小组讨论,将本组认为到目前为止最困惑的问题(或者代表性的案例等)记录在一张 A4 纸上,放入漂流瓶求助。"

(3)学生制作漂流瓶。

(4)教师指令:"每组漂流瓶按照顺时针漂流到下一组。接到漂流瓶,小组集体阅读问题(或案例),小组讨论,给出意见与回复,时间 4 分钟,开始!"

(5)教师巡视全场,提供指导和建议。

(6)教师指令:"时间到,现在启动下一轮的漂流。"

(7)重复上述步骤,完成 3 轮。也可采用随机漂流的方式,增加趣味性。期间教师关注活动进展。

(8)教师指令:"现在漂流瓶复位。小组共同阅读漂流瓶得到的回复。"

(9)教师就活动中发现的关键问题和优质回复进行点评和反馈。

◇ 活动小提示

在回复漂流瓶的时候,不仅仅可以对原问题进行回复,也可以对上方来自其他组的回复进行评论或点赞。

◇ 大班活动变体

组别较多时,漂流进行的轮数可以由教师设定。结束时,每组宣读其最后收到的漂流瓶信息及回复,让每一个问题提出者都能听到来自其他小组的回复和声音。

活动 77　洋葱圈

◇ 活动关键词

应用环节:快速激活☑　多元学习☐　有效测评☑　简要总结☑

参与形式:个人活动☐　两人活动☐　小组活动☑　全班活动☐

能力目标:记忆☑　理解☑　应用☑　分析☑　评价☑　创造☑

学习和创新	数字技能	职业和生活技能
批判性思维☑	信息技能☐	灵活性和适应性☑
解决问题能力☑	媒体技能☐	主动性和自我引导☑
创造性思维和创新能力☑	信息和通信技术☐	跨文化交际能力☑
沟通能力☑		富有生产力/值得信赖☑
协作能力☑		领导力和责任感☑

◇ 活动设计背景

　　洋葱圈是一种集身体、认知和情感目标于一身的一种讨论形式。两组同学内外两圈面对面站立,在有限的时间内两两交流,随着题目的更换,交流对象也不断更换,如图 4-25 所示。该活动在激活学生身体的同时,提升学生讨论过程的专注度和参与度,而交流对象的多元性能增加获取信息途径,增加认知输出的数量和质量,同时促进学生间的情感联系。

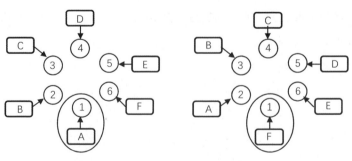

图 4-25　洋葱圈活动示意图

◇ 活动特点

多感官参与,趣味性强,全体参与,主动学习。

◇ 活动准备

教师提前设计用于洋葱圈提问的问题,问题设计应具有进阶性。如果用于有效测评和快速总结,问题应该在认知层级上体现区别。

◇ 活动实施(约 10 分钟)

(1)教师指令:"全体起立,到教室前面空旷处。这 10 位同学围成一个小圈,脸朝外。这 10 位同学在外面再围一个圈,脸朝内。每位同学面前有一个伙伴。"

(2)学生按老师指令站好。

(3)教师指令:"请听题,和你的同伴交流讨论,题目是'PCR 的体系中有哪些成分'。时间 1 分钟,开始!"

(4)学生两两讨论。

(5)教师指令:"时间到,外圈同学向右跨一步,和你的新同伴打个招呼。"

(6)外圈学生移动,完成交换交流对象。

(7)教师指令:"和你的新同伴讨论,题目是'PCR 的原理是什么'。时间 1 分钟,开始!"

(8)学生与新同伴两两讨论。

(9)学生活动时,教师巡视监控活动的进展。按照问题的个数,活动进行若干轮。

(10)教师针对活动时发现的难点、重点进行讲解。

◇ 大班活动变体

(1)大班分成几个大组进行活动。

(2)班级空间有限,可采用变体活动"流水线"(活动 78)的形式。

扫一扫

观看本活动视频

※ "种草"笔记

活动 78   流水线

◇ 活动关键词

应用环节:快速激活☑   多元学习☐   有效测评☑   简要总结☑

参与形式:个人活动☐   两人活动☐   小组活动☑   全班活动☐

能力目标:记忆☑   理解☑   应用☑   分析☑   评价☑   创造☑

学习和创新	数字技能	职业和生活技能
批判性思维☑	信息技能☐	灵活性和适应性☑
解决问题能力☑	媒体技能☐	主动性和自我引导☑
创造性思维和创新能力☑	信息和通信技术☐	跨文化交际能力☑
沟通能力☑		富有生产力/值得信赖☑
协作能力☑		领导力和责任感☑

◇ 活动设计背景

流水线活动是洋葱圈活动的变体,适合班级只有狭长的走廊无法站成圆圈时使用,如图 4-26 所示。

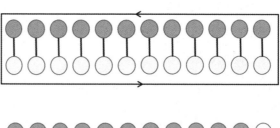

图 4-26   流水线活动示意图

◇ 活动特点

多感官参与,趣味性强,互动性强。

◇ 活动准备

教师提前设计与教学目标相关的讨论题目，问题设计应具有进阶性。如果用于有效测评和快速总结,问题应该在认知层级上体现区别。

◇ 活动实施(约 10 分钟)

(1)教师指令:"全体起立,到走廊上。这 10 位同学在我左手边站成一排,这 10 位同学在我右手边站成一排,两排同学面对面。"

(2)如图 4-27 所示,学生按老师指令站好。

图 4-27　流水线活动样例图

(3)教师指令:"和你面前的同伴交流讨论,题目是'PCR 的体系中有哪些成分'。时间 1 分钟,开始! "

(4)学生两两讨论。

(5)教师指令:"时间到,左手边第一位同学站到右手边第一个位置,右手边最后一个同学站到左手边最后一个位置,其余同学依次向右移动一个位置。"

（6）学生移动,交换交流对象。

（7）教师指令:"和你的新同伴讨论,题目是'PCR 的原理是什么'。时间 1 分钟,开始！"

（8）学生与新同伴两两讨论。

（9）学生活动时,教师巡视监控活动的进展。活动进行若干轮。

（10）教师对活动进行反馈和点评,或针对性讲解。

◇ 大班活动变体

（1）大班可以分成若干组分别进行。

（2）如果没有足够的空间,可让第一、三、五排同学起立向后转,与第二、四、六排同学一对一交流。

扫一扫

观看本活动视频

❋ "种草"笔记

活动 79　问题停车场

◇ 活动关键词

应用环节:快速激活☑　多元学习☐　有效测评☑　简要总结☑

参与形式:个人活动☐　两人活动☐　小组活动☐　全班活动☑

能力目标:记忆☐　理解☑　应用☑　分析☑　评价☑　创造☐

学习和创新	数字技能	职业和生活技能
批判性思维☑	信息技能☑	灵活性和适应性☑
解决问题能力☑	媒体技能☐	主动性和自我引导☑
创造性思维和创新能力☐	信息和通信技术☐	跨文化交际能力☐
沟通能力☑		富有生产力/值得信赖☑
协作能力☑		领导力和责任感☑

◇ 活动设计背景

通过情景模拟"问题停车场",增强角色代入感,促进学生互动和交流,巩固已学知识,帮助学生形成问题意识,培养其发现、解决问题的能力。

◇ 活动特点

多感官参与,趣味性强,反馈及时,互动性强。

◇ 活动准备

教师根据班级人数准备便利贴、海报纸或白板、白板笔。

◇ 活动实施(约 15 分钟)

(1)教师指令:"同学们先独立思考,本节课学习的内容里有哪些知识点和概念(或范畴、公式)是能够完全掌握没有疑问的,哪些知识点是尚未掌握并且存疑的。将它们分别写在便利贴上,时间 3 分钟,开始!"

(2)学生写便利贴,教师分别粘贴两张海报纸,一张代表"绿色停车场",一张代表"黄色停车场"。

(3)教师指令:"把完全掌握的便利贴贴在'绿色停车场',把存疑的便利贴贴在'黄色停车场'。"

(4)学生贴便利贴。

(5)教师朗读黄色停车场内便利贴的内容,学生两两一对,简短讨论该内容。

(6)教师选取"黄色停车场"较为集中的知识点,进行重点讲解。

◇ 大班活动变体

(1)大班可以贴多张海报纸,多组同时进行。

(2)利用网络平台发放"停车场"表格,供学生填写。

活动 80　问题纸飞机

◇ 活动关键词

应用环节:快速激活☑　多元学习☐　有效测评☑　简要总结☑

参与形式:个人活动☐　两人活动☐　小组活动☐　全班活动☑

能力目标:记忆☐　理解☑　应用☐　分析☑　评价☑　创造☐

❖ "种草"笔记

学习和创新	数字技能	职业和生活技能
批判性思维☑	信息技能☑	灵活性和适应性☑
解决问题能力☑	媒体技能☐	主动性和自我引导☑
创造性思维和创新能力☑	信息和通信技术☐	跨文化交际能力☐
沟通能力☑		富有生产力/值得信赖☑
协作能力☑		领导力和责任感☑

◇ 活动设计背景

通过设置问题情景，以生动活泼的方式让同学总结知识要点，评估学习内容,发现问题、促进交流、激发兴趣、活跃课堂。

◇ 活动特点

多感官参与,主动学习,趣味性,互动性强。

◇ 活动实施(约 12 分钟)

(1)教师指令:"请每位同学就本节课学习内容提出一个问题,例如,什么是……? 也可以是自己的疑惑,例如,为什么……? 把问题写在纸上,折成纸飞机,如图 4-28 所示,在飞机上做一个记号,如签名、彩色标记等。时间 5 分钟,开始！"

(2)学生反思问题,写问题。

图 4-28　问题纸飞机示意图

(3)教师指令:"时间到。扔出你手中的纸飞机。每位学生捡起一架纸飞机,回答问题并签名。时间 3 分钟,开始! ”

(4)教师巡视活动的进展,注意活动的有序性。

(5)教师指令:"请同学们找到纸飞机的主人,归还纸飞机,向他讲解飞机上的问题。时间 3 分钟。”

(6)教师邀请同学向全班分享纸飞机上的问题和答案,教师进行点评和讲解。

活动 81　快问快答

✿ "种草"笔记

◇ 活动关键词

应用环节:快速激活☑　多元学习☐　有效测评☑　简要总结☑

参与形式:个人活动☐　两人活动☑　小组活动☐　全班活动☐

能力目标:记忆☑　理解☑　应用☐　分析☑　评价☑　创造☐

学习和创新	数字技能	职业和生活技能
批判性思维☐	信息技能☐	灵活性和适应性☑
解决问题能力☑	媒体技能☐	主动性和自我引导☑
创造性思维和创新能力☑	信息和通信技术☐	跨文化交际能力☑
沟通能力☑		富有生产力/值得信赖☑
协作能力☑		领导力和责任感☑

◇ 活动设计背景

本活动设计将小组讨论的流程具体化,转变学生角色,将其从"学习者"变成"提问者",通过提出问题,引发学生深入思考,培养学生提出问题和批判性思维等能力。

◇ 活动特点

多感官参与,同伴学习,反馈及时。

◇ 活动实施(约为 10 分钟)

(1)教师将学生分组,4 人一组,分别编号 A–D。

（2）教师指令："从小组内 A 同学开始,针对本节课内容提出一个问题,其余同学快速抢答。按 ABCD 顺序,所有同学轮流提问。时间 4 分钟。开始!"学生快速提问和抢答。

（3）教师邀请几名学生在全班分享问题及答案。

（4）教师针对发现的难点和重点给予及时反馈和补充。

❋"种草"笔记

活动 82　制作我的秒懂百科

◇ 活动关键词

应用环节:快速激活☐　多元学习☑　有效测评☑　简要总结☑

参与形式:个人活动☐　两人活动☐　小组活动☑　全班活动☐

能力目标:记忆☑　理解☑　应用☑　分析☑　评价☑　创造☑

学习和创新	数字技能	职业和生活技能
批判性思维☑	信息技能☑	灵活性和适应性☑
解决问题能力☑	媒体技能☑	主动性和自我引导☑
创造性思维和创新能力☑	信息和通信技术☑	跨文化交际能力☐
沟通能力☑		富有生产力/值得信赖☑
协作能力☑		领导力和责任感☑

◇ 活动设计背景

"教别人"是最有效的学习方式之一。通过制作"我的秒懂百科",模拟情景,角色代入,帮助学生掌握知识,提高学习效率。

◇ 活动特点

多感官参与,主动学习,趣味性强。

◇ 活动准备

（1）教师提前选择 1~2 个教学中重要的或综合性较强的知识点。

（2）学生准备可以录制视频的电子设备,下载并测试视频录制软件。

◇ 活动实施(约 15 分钟)

(1)教师将学生分组,4 人一组。

(2)教师指令:"以下两个题目涵盖了本次课的主要内容,以小组为单位从中选取一个录制'我的秒懂百科',以讲解为主,可以使用辅助教具,视频时长在 3 分钟以内。时间 10 分钟,开始! "

(3)教师巡视全场,答疑指导。

(4)教师选取一组学生制作的"我的秒懂百科"视频,重点点评和反馈,如图 4-29 所示。

图 4-29　制作我的秒懂百科:信使 RNA 的转录后加工过程样例图

◇ 大班活动变体

此活动不受班级人数限制。

活动 83　会不会全"宾果"

◇ 活动关键词

应用环节:快速激活□　多元学习□　有效测评☑　简要总结☑

参与形式:个人活动□　两人活动□　小组活动□　全班活动☑

能力目标:记忆☑　理解☑　应用□　分析☑　评价☑　创造□

扫一扫

观看本活动视频

❀"种草"笔记

学习和创新	数字技能	职业和生活技能
批判性思维☑	信息技能☑	灵活性和适应性☑
解决问题能力☑	媒体技能☐	主动性和自我引导☑
创造性思维和创新能力☐	信息和通信技术☐	跨文化交际能力☐
沟通能力☑		富有生产力/值得信赖☑
协作能力☑		领导力和责任感☑

◇ 活动设计背景

通过"宾果"游戏,主动分析评估总结已学习的知识,使学习富于趣味性,提升学生交流能力,构建安全轻松的课堂氛围。

◇ 活动特点

主动学习,趣味性强,操作简便,反馈及时,互动性强。

◇ 活动准备

(1)教师列出本节课的知识要点或概念。

(2)制作空白九宫格"会不会全'宾果'"表单(如表4-1所示)。

表4-1   会不会全"宾果"表单示意图

TA一定会的	TA一定不会的	TA可能不会的

◇ 活动实施(约15分钟)

(1)教师将学生分组,4~6人一组。

(2)教师指令:"这是一张会不会全'宾果'表,请你从幻灯片知识点清单里挑选3个你觉得其他同学一定会的知识点,填在第一列;3个你觉得其他同学一定不会的,填在第二列;3 个你觉得其他同学可能不会的,填在第三列,时间 4 分钟,开始!"

(3)学生填写表单,教师巡视检查活动进展。

(4)教师指令:"组内两两一对,A 同学先讨论表单上的知识点,如果对方会,就请他解释这个知识点或概念,并在相应知识点位置打√,并写下他的名字;如果对方不会,就自己给他解释这个知识点或概念,对方理解后在知识点处打√;完成一格后,更换一个讨论对象,直至完成表单上的所有知识点或概念的讨论,即九宫格都打满√。时间 5 分钟,开始!"

(5)学生讨论表单、打钩,教师巡视检查活动完成情况。

(6)教师针对学生讨论的情况进行点评和反馈。

第五章

O-AMAS 之简要总结
（Brief Summary）

教育不是知识和人之间的事，更不是考卷和人之间的事，教育是人和人之间的事。

——李希贵

下课太匆匆,学生总感觉缺了点什么。我们该如何提高学习的有效性?

· 总结事实,提炼学习内容;

· 总结感受,关注学习体验;

· 反思收获,检验学习进度;

· 反思不足,制订学习计划。

教学过程中,要想提高学生的学习效率,就需要让学习行为产生获得感和完整感,而这就是教学总结的作用。

一、为什么要进行总结

德国心理学家艾宾浩斯(H. Ebbinghaus)最早对人类记忆的遗忘规律进行了研究,发现"遗忘"在学习之后立即开始,而且遗忘的过程最初进行得很快,以后渐趋缓慢,过了相当时间后就几乎不再遗忘。他认为"记忆的保持和遗忘是时间的函数"。根据他的实验结果绘成的描述遗忘进程的曲线,被命名为"艾宾浩斯遗忘曲线",如图5-1所示。

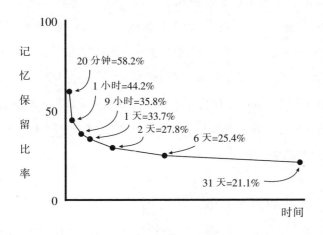

图5-1　艾宾浩斯遗忘曲线

这条曲线告诉我们,学习中的遗忘是有规律的,遗忘的进程是不均衡的,即"先快后慢",学生习得的知识,如果不抓紧巩固,一天之后就只剩三分之一的记忆了。同时，研究者经过实验发现，两组学生同时学习一段课文，甲组在学习之后立即进行总结复习，乙组不予总结复习，一天之后，甲组的记忆保持率为 98%，乙组为 56%；一周后甲组记忆保持率为 83%，乙组为 33%。甲组的记忆保持率比乙组高得多，记忆遗忘/衰减的速度也比乙组要慢，如图 5-2 所示。因此，教学总结的任务，就是和"遗忘"抢时间，教师应抢在遗忘峰值之前，对知识进行巩固复习。

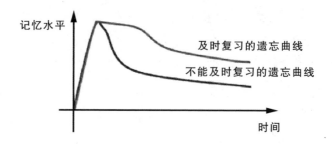

图 5-2　遗忘曲线

此外，登普斯特和科基尔（Dempster & Corkill，1999）也发现了影响记忆遗忘的几个因素，其中的一个重要因素就是干扰（interference）。当要记忆的信息与其他信息相混淆，就会出现干扰现象。在学习过程中，新输入的信息会对之前学过的信息造成干扰，也叫"倒摄抑制"（retroactive inhibition），导致先前学过的知识被遗忘。例如，刚开始学习英文字母的小学生，在学习 d 之前，很容易辨认 b，但学了字母 d 之后，学生经常混淆 b 和 d。因此，在教学活动中，教师必须考虑到记忆容量的有限性，在进行新的教学前，要留给学生一定的时间去总结、消化和巩固刚刚学过的信息。

二、传统的教学总结

在传统的、以教师讲授为中心的教学活动中，教师也会设计一定的总结活动来帮助学生巩固记忆。例如：

1. 幻灯片要点总结。教师在幻灯片最后一页列出本节学习要点，从头到尾梳理讲解一遍,引导学生对整体学习内容复习总结。这种总结方式可以给予学生学习的完整感,但是不利于学生自己进行反思与意义建构。

2. 画线。教师在总结时让学生在重点内容部分画线或涂亮色。尽管这种方法得到了普遍使用,然而安德森和阿姆布鲁斯特(Anderson & Armbruster, 1984)以及埃拉西和加迪(Elasy & Gaddy, 1998)研究表明,这种总结方式对学习很少有促进作用,原因在于学生无法确定哪些材料是真正重要的,往往在过多的内容上画线,当一页材料上涂满高亮色时,也就没有意义了。

3. 练习性测验。教师设计一些简单的测试题目,要求学生作答,从而增强理解和记忆。测验的结果能够提醒学生已经学会了什么,哪些还不会,学生就可以更加高效地集中学习还不会的内容。但是这种方式需要教师课后及时对测验进行批改,并给予学生反馈,否则对学生进一步学习的指导意义就不大了。

4. 笔记梳理。教师要求学生在学习过程中对知识重点记笔记,在总结活动中教师请学生梳理笔记要点,并进行复习。罗宾逊等(Robinson, et al., 2006)认为在这种方式中,如果学生是以改写(用不同的词语来陈述要点)方式记笔记,并能够把自己的笔记与老师的要点总结结合起来复习,效果会不错。但是,笔记的梳理似乎更适合对于概念等理论性知识的复习与巩固,对于应用、分析、创造等布鲁姆高阶认知能力的培养就显得力不从心了。

以上这些总结方法,目前对其有效性的研究还是很有限的,不同研究所得出的有效性结果也并不一致。作为教学总结的辅助手段,这些教学活动总体上是有帮助的,但也存在着进一步的改进空间。

三、O-AMAS 的简要总结

与传统的总结活动相比,O-AMAS 教学模型中的简要总结, 主要秉承两个基本理念:具有有效学习的特征;具有向前和向后两个思维方向。

(一)设计具有有效教学特征的简要总结活动

如前文所述,有效的高等教育教学方法大多呈现出主动、协作、参与的特点。因此,O-AMAS 模型中的简要总结同样强调调动学生的多元感官和社交神经,让学生在互动性、参与性的活动中,巩固知识,深化理解。

促使学生主动参与学习的教学策略有助于其长时记忆的保持,因为学生在主动学习的过程中对新的信息进行了更高程度的加工。这就涉及克雷克(Craik,2000)提出的信息"加工水平理论"(levels-of-processing theory)。该理论认为,人们会对外界刺激进行不同水平的心理加工,但只有加工程度最高的信息才有可能被保留下来。例如,我们在散步时看到一棵树,只是匆匆一瞥,我们不太可能记住它,这是最低水平的加工。如果我们对这棵树进行命名,称之为"杨树"或"枫树",一旦命名,这棵树就有可能被记住。而最高水平的加工就是对这棵树赋予意义,比如,我们和我们的爱人在这棵树下合影,或我们带着孩子来爬这棵树。这一理论提示我们,在教学总结中,教师需要设计一些活动,使得学生尽可能主动参与,并尽可能让学生进行深层次的信息加工。

(二)兼顾巩固知识与反思深化维度

前文已经反复强调了复习巩固对于记忆保持的作用,因此总结活动的设计首要目的就是给予学生有效的复习机会。杜尔索和科金斯(Durso & Coggins,1991)认为,根据组织信息理论,与混乱无序的信息相比,组织良好的信息更易于学习和记忆。卡尼和莱文(Carney & Levin,2002)指出在教学总结环节中,教师应该引导学生对本节课所学内容进行良好的组织,最好能够强化各个概念和知识点之间的相互联系,以图表、思维导图等方式呈现出来,总之要将信息组织成一种易于理解的视觉形式,就可以促进学生的记忆保持和迁移。

当然,总结并非只是要点再现。O-AMAS模型中的总结活动还强调能够引导学生进行反思,从而实现理解的延伸。建构主义学习理论(constructivist theories of learning)的核心观点是真正的学习需要学习者在了解基本知识的基础上,通过社会互动构建意义。在教学总结活动中,教师可以使用建构主义教学策略,不要仅仅满足于把知识的图示和体系呈现给学生,更要发挥"脚手架"的作用,启发学生对知识进行反思深化,通过合作学习、探究式学习等方式,引导学生进行知识转化和迁移,最终使得学生可以运用所学知识来处理新的问题。

在这一章,你将了解到16种简要总结活动。

四、O-AMAS总结活动

"种草"笔记

活动84 我听见你说……

◇ 活动关键词

应用环节:快速激活☑ 多元学习☐ 有效测评☑ 简要总结☑

参与形式:个人活动☐ 两人活动☐ 小组活动☑ 全班活动☐

能力目标:记忆☑ 理解☑ 应用☑ 分析☑ 评价☑ 创造☐

学习和创新	数字技能	职业和生活技能
批判性思维☐	信息技能☐	灵活性和适应性☑
解决问题能力☑	媒体技能☐	主动性和自我引导☑
创造性思维和创新能力☑	信息和通信技术☐	跨文化交际能力☑
沟通能力☑		富有生产力/值得信赖☑
协作能力☑		领导力和责任感☐

◇ 活动设计背景

本活动旨在将讨论过程结构化,学生先复述同伴的答案,再补充自己的观点,能够锻炼学生的倾听能力、提取和整合信息能力,促进其主动学习和深度学习。

◇ 活动特点

多感官参与,同伴学习,互动性强。

◇ 活动准备

教师结合教学目标准备 3~5 个讨论问题。

◇ 活动实施(约 10 分钟)

(1)学生按流水线活动(活动 78)要求站好。

(2)教师指令:"左手边为 A 队,右手边为 B 队。请 A 队的学生先发言,先向同伴简要解释教师的问题,再回答该问题。第一个问题是:高语境文化的定义是什么?时间 1 分钟,开始!"

(3)A 队同学复述并回答问题。

(4)教师指令:"B 队同学以'我听见你说的是……'开始,先复述同伴的回答,再补充自己的观点,时间 1 分钟。开始!"

(5)B 队同学复述同伴观点并补充自己的观点。

(6)教师指令:"现在移动一位,交换同伴。第二个问题是:请举一个具体事例说明高语境文化的特征。B 队同学回答问题,时间 1 分钟。开始!"

(7)教师指令:"时间到,A 队同学以'我听见你说的是……'开始,先复述同伴的回答,再补充自己的观点,时间 1 分钟。开始!"

(8)教师在教室内走动,了解学生学习情况。

(9)根据教学需要,重复步骤(2)~(5)若干轮。

(10)教师根据讨论中反映的问题给予及时反馈和补充。

◇ 大班活动变体

学生在座位上与自己前后左右的同学配对、交流。

活动85　我们一起写写写

◇ **活动关键词**

应用环节:快速激活☐　多元学习☑　有效测评☑　简要总结☑

参与形式:个人活动☐　两人活动☐　小组活动☑　全班活动☑

能力目标:记忆☑　理解☑　应用☐　分析☑　评价☑　创造☑

学习和创新	数字技能	职业和生活技能
批判性思维☑	信息技能☑	灵活性和适应性☑
解决问题能力☑	媒体技能☑	主动性和自我引导☑
创造性思维和创新能力☑	信息和通信技术☑	跨文化交际能力☐
沟通能力☑		富有生产力/值得信赖☑
协作能力☑		领导力和责任感☑

◇ **活动设计背景**

建构主义认为,学习是一种主动构建的过程。通过大家一起在共享文档中同时编辑内容,可以有效地提升学习的主动性、协作性和反思性。本活动也是同伴教学的一种有效方式。学生通过完成任务,对知识点进行查缺补漏,既提出问题,也回答问题,在信息的输入与输出过程中,不断巩固认知。最终的文档既可以作为学生复习的资料,也可以为教师提供有效教学反馈。

◇ **活动特点**

多感官参与,主动学习,合作学习。

◇ **活动准备**

教师创建并在班级内分享可在线编辑的电子文档。

◇ **活动实施**(约 15 分钟)

(1)教师指令:"我在班级群里分享了一个所有人都可以同时编辑的文档。请每位同学在文档内写出本节课学过的概念或知识点或有

❀ **"种草"笔记**

疑问的地方,每人最少写 2 条。注意不能删除其他同学的内容。开始!"

(2)学生在共享文档内同时编辑,大家一起写。

(3)教师指令:"现在以小组为单位,每组选取 2 个疑点,共同讨论,查阅资料,在问题后的对话框中作答,时长 8 分钟,开始!"

(4)教师根据同学们提出的疑点和回答情况进行总结和点评。

✿"种草"笔记

活动 86　宝藏篮

◇ 活动关键词

应用环节:快速激活☑　多元学习☑　有效测评☑　简要总结☑

参与形式:个人活动☐　两人活动☐　小组活动☐　全班活动☑

能力目标:记忆☐　理解☑　应用☑　分析☑　评价☑　创造☑

学习和创新	数字技能	职业和生活技能
批判性思维☑	信息技能☑	灵活性和适应性☑
解决问题能力☑	媒体技能☐	主动性和自我引导☑
创造性思维和创新能力☐	信息和通信技术☐	跨文化交际能力☐
沟通能力☑		富有生产力/值得信赖☑
协作能力☑		领导力和责任感☑

◇ 活动设计背景

本活动创设问题情境,基于学习内容提出问题、回答问题,利用组间信息差,聚焦分析、评价和创造层级目标,实现高阶学习;学生通过"宝藏篮",以小组协作的方式将所学知识应用于实际问题,教师在学生知识输出过程中,了解学生学习的难点,实现准确精讲。

◇ 活动特点

多感官参与,主动学习,趣味性。

◇ 活动准备

教师提前准备空白彩色纸卡片和多个存放卡片的盒子。

◇ 活动实施(约 13 分钟)

(1)教师将学生分组,4~5 人一组。

(2)教师给每组发一套空白彩色纸卡片和一个贴有组号的盒子。

(3)教师指令:"每位同学在卡片上写一个自己认为重点或难点的问题,放到盒子里。时间 2 分钟。"

(4)学生写问题卡片。

(5)教师收集各组卡片盒,随机将问题卡片盒分发给其他小组。

(6)教师指令:"请每位组员抽取卡片,并在卡片上写下自己的回复。时间 3 分钟,开始!"

(7)学生回答卡片上的问题。

(8)教师指令:"组长收集组内卡片,将卡片盒送回到原提问小组。"

(9)教师指令:"各组阅读卡片上的问题和回复,组内讨论问题回复恰当与否。时间 2 分钟,开始!"

(10)教师巡视,注意收集仍未被解决的问题或存在误解的问题。

(11)教师针对尚未解决或存在误解的问题进行重点讲评。

活动 87 星标笔记

✿ "种草"笔记

◇ 活动关键词

应用环节:快速激活☐ 多元学习☑ 有效测评☑ 简要总结☐

参与形式:个人活动☐ 两人活动☑ 小组活动☑ 全班活动☐

能力目标:记忆☐ 理解☐ 应用☑ 分析☐ 评价☑ 创造☑

学习和创新	数字技能	职业和生活技能
批判性思维☑	信息技能☐	灵活性和适应性☑
解决问题能力☑	媒体技能☐	主动性和自我引导☑
创造性思维和创新能力☐	信息和通信技术☐	跨文化交际能力☐
沟通能力☑		富有生产力/值得信赖☑
协作能力☑		领导力和责任感☑

◇ 活动设计背景

通过对学习笔记标记星号,学生对重点索引词排序,促进学生主动回顾和评估课堂学习内容,锻炼学生的高阶思维。

◇ 活动特点

同伴学习,操作简便,反馈及时。

◇ 活动准备

该活动需配合康奈尔笔记活动(活动22)使用,学生需要熟悉康奈尔笔记活动的方法。

◇ 活动实施(约12分钟)

(1)教师将学生分组,3~5人一组。

(2)教师指令:"组内同学讨论,在本节课笔记的重点索引词上标记星号。"如图5-3所示。

图5-3　星标笔记活动星号示意图

(3)学生组内讨论,给笔记标注星号。

(4)教师巡视活动进展,做必要指导。

(5)教师指令:"把所有重点索引词,按重要性从大到小进行标号排序。"

(6)学生组内讨论,对重点索引词进行排序。教师巡视活动进展,做必要指导。

(7)教师邀请2~3个小组代表分享笔记。

(8)教师针对同学分享进行重点点评和反馈。

活动88　飞行棋

◇ 活动关键词

应用环节:快速激活☐　多元学习☑　有效测评☑　简要总结☑

参与形式:个人活动☐　两人活动☐　小组活动☑　全班活动☐

能力目标:记忆☐　理解☑　应用☑　分析☑　评价☑　创造☐

学习和创新	数字技能	职业和生活技能
批判性思维☑	信息技能☐	灵活性和适应性☑
解决问题能力☑	媒体技能☐	主动性和自我引导☑
创造性思维和创新能力☑	信息和通信技术☐	跨文化交际能力☑
沟通能力☑		富有生产力/值得信赖☑
协作能力☑		领导力和责任感☑

◇ 活动设计背景

游戏是人类的普遍爱好。飞行棋是一种大众喜闻乐见的游戏。利用飞行棋模板,结合学习内容,以游戏化学习方式,增强趣味性和互动性,激发学生的好奇心和学习兴趣,在愉快的学习氛围中总结和回顾,促进反思。

◇ 活动特点

多感官参与,全体参与,趣味性强。

◇ 活动准备

(1)飞行棋盘(教师提前设计好棋盘上的问题,问题应有进阶性,可涵盖知识回顾、反思深化和元认知等类型)、骰子(可用微信表情里的电子骰子代替)、棋子(可用彩色曲别针、燕尾夹、笔帽等小物件代替),如图5-4所示。

(2)可提前打印好游戏规则,附在棋盘旁边,方便学生随时查阅。

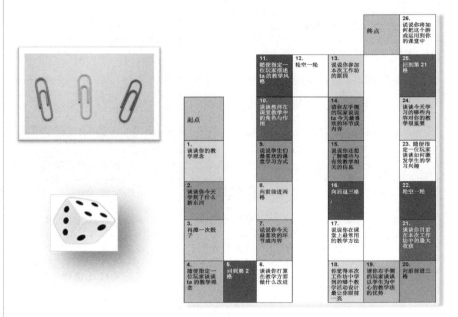

图 5-4 棋子、骰子和 PCR 实验课程的飞行棋棋盘样例图

◇ **活动实施**(约 10 分钟)

(1)教师将学生分为 4~5 人一组。

(2)教师指令:"小组选一名同学为计时员。游戏规则如下,各组每位同学掷骰子一次,按照掷出点数的大小确定游戏顺序。游戏开始时,所有同学都把棋子放在'起点'处。从先行玩家开始,骰子是几点就前进几格,并完成该格内容要求,发言时间控制在 1 分钟。计时员计时,时间到,发言结束。轮到计时员时,计时员右侧玩家负责计时。第一个到达终点的同学高喊"宾果"(bingo),宣布胜利。"

(3)教师分发材料,每组一张棋盘,一个骰子,每位同学有一个棋子。

(4)活动开始,教师巡回检查进展,如图 5-5 所示。

(5)一位玩家到达"终点"高喊 bingo,活动结束。教师也可根据时间长短叫停游戏。

图 5-5　飞行棋:PCR 实验总结活动样例图

活动 89　东西南北

❈"种草"笔记

◇ 活动关键词

应用环节:快速激活☑　多元学习☐　有效测评☑　简要总结☑

参与形式:个人活动☐　两人活动☑　小组活动☐　全班活动☐

能力目标:记忆☑　理解☑　应用☑　分析☑　评价☑　创造☐

学习和创新	数字技能	职业和生活技能
批判性思维☑	信息技能☐	灵活性和适应性☑
解决问题能力☑	媒体技能☐	主动性和自我引导☑
创造性思维和创新能力☑	信息和通信技术☐	跨文化交际能力☐
沟通能力☑		富有生产力/值得信赖☑
协作能力☑		领导力和责任感☑

◇ 活动设计背景

通过游戏,调动学生学习兴趣,激活学生已有的知识储备,回顾或总结课堂知识,课堂氛围轻松愉快。活动便于教师观察和评估学生知识掌握情况。

◇ 活动特点

多感官参与,同伴学习,反馈及时,互动性强。

◇ 活动准备

教师提前要求每位同学准备好一个"东西南北"的折纸带到课堂备用,如图5-6所示。

图 5-6   东西南北折纸样例图

◇ 活动实施(约 10 分钟)

(1)学生两两一组,确定 A 和 B 顺序。

(2)教师指令:"请同学们拿出准备好的'东西南北'折纸。在折纸外侧标明'东西南北'四个方向,内侧写上本节课所学的 8 个知识点或问题,时间 2 分钟,开始!"

(3)学生写下问题。

(4)教师指令:"A 同学随机提出一个数字。B 同学按照点数展开折纸,获得一个问题,A 同学回答。A 同学回答后,B 同学对回答进行点评。时间 2 分钟,开始!"

(5)教师巡视班级活动,注意收集学生的疑点。

(6)教师指令:"时间到。两人互换角色,活动继续。"

(7)时间到。教师根据收集到的情况,有针对性地反馈、总结。

◇ 大班活动变体

此活动不受班级人数限制。

活动90　寻人"宾果"

◇ 活动关键词

应用环节:快速激活☑　多元学习☐　有效测评☑　简要总结☑

参与形式:个人活动☐　两人活动☐　小组活动☐　全班活动☑

能力目标:记忆☑　理解☑　应用☑　分析☑　评价☑　创造☑

学习和创新	数字技能	职业和生活技能
批判性思维☑	信息技能☑	灵活性和适应性☑
解决问题能力☑	媒体技能☐	主动性和自我引导☑
创造性思维和创新能力☑	信息和通信技术☐	跨文化交际能力☐
沟通能力☑		富有生产力/值得信赖☑
协作能力☑		领导力和责任感☑

◇ 活动设计背景

寻人"宾果"是一种信息交换形式。通过任务驱动,使学生明确沟通目标,以游戏化互动方式,巩固和应用所学知识,实现知识输出,信息提取,加强记忆理解。寻人"宾果"巧妙地利用了同伴间的良性竞争,促进人际交流,有利于建设积极课堂氛围。

◇ 活动特点

多感官参与,同伴学习,全体参与,反馈及时,互动性强。

◇ 活动准备

根据教学安排,提前设计寻人"宾果"内容,并按人数准备寻人"宾果"表格或卡片,如表5-1所示。

表 5-1 寻人"宾果"样例表

问题	姓名	备注
说出激活活动设计的原则		
为自己的课程设计一个总结活动		
说出"反馈三明治"的要点		
设计一个多元学习的实施方案		
为自己的课程设计一个激活活动		

◇ **活动实施**(约 8 分钟)

(1)教师给每个同学发一张表单。

(2)教师指令:"请同学们拿着表单在教室里自由走动,寻找能回答表单上问题的人。获得满意答案后,在该问题后面写上回答人的名字。不同的问题需要找到不同的人来回答,表格中不能有相同的姓名。在备注处可做相关记录。最先完成全部表单的人,大声喊出'bingo',回到座位。开始!"

(3)学生在教室开始活动,教师在教室内巡视。

(4)待半数学生完成任务或活动时间到,教师指令:"时间到,活动结束,请同学回到自己的座位。"

(5)教师邀请部分寻人成功者分享答案,并进行精确反馈。

扫一扫

观看本活动视频

✿ "种草"笔记

活动 91 出门票

◇ **活动关键词**

应用环节:快速激活☐ 多元学习☐ 有效测评☐ 简要总结☑

参与形式:个人活动☑ 两人活动☐ 小组活动☐ 全班活动☐

能力目标:记忆☑ 理解☑ 应用☑ 分析☑ 评价☑ 创造☐

学习和创新	数字技能	职业和生活技能
批判性思维 ☑	信息技能 ☑	灵活性和适应性 ☑
解决问题能力 ☑	媒体技能 ☐	主动性和自我引导 ☑
创造性思维和创新能力 ☐	信息和通信技术 ☐	跨文化交际能力 ☐
沟通能力 ☑		富有生产力/值得信赖 ☑
协作能力 ☑		领导力和责任感 ☑

◇ 活动设计背景

"出门票"活动是有效利用课堂最后黄金 5 分钟的绝佳方式之一,是课堂总结的一种方式。"出门票"活动简单易行,能有效帮助学生总结和回顾刚刚完成的学习内容,提取信息、巩固记忆;反思进度、深化学习。同时出门票也能帮助教师反思教学,建立师生交流渠道,激发教师教学积极性。教师还可以利用出门票中反映出的学习重点、难点或问题,布置线上作业,也可以据此在下一节课的开头设计激活活动。

◇ 活动特点

全体参与,操作简便,高效反馈。

◇ 活动准备

制作"出门票"表单,如表 5-2 所示。

表 5-2 "出门票"活动样例表

出门票		
姓名 _____		日期 _____
今天的课堂学习解决了我之前的哪些疑惑或问题?	今天的课堂学习让我印象最深的是什么?	对于今天的课堂学习,我还有什么疑惑或问题?

◇ 活动实施(约为5分钟)

(1)教师指令:“这是一张‘出门票’,同学们离开教室前填好交回。时间3分钟,开始!”教师发“出门票”,每人一张。

(2)学生回答“出门票”上的问题。

(3)教师收集学生填好的“出门票”,课下进行汇总。

◇ 活动小提示

教师可根据教学实际调整或更改“出门票”上的问题。“出门票”设计的原则是问题能够促进学生进行深入思考,而不是简单的是非题、选择题。教师可以利用在线教学平台,及时回应学生提出的问题。

◇ 大班活动变体

将“出门票”放在线上平台,学生在线上提交后离开课堂。

“种草”笔记

活动92 ORID反思卡

◇ 活动关键词

应用环节:快速激活□ 多元学习□ 有效测评☑ 简要总结☑

参与形式:个人活动☑ 两人活动□ 小组活动□ 全班活动□

能力目标:记忆□ 理解□ 应用□ 分析☑ 评价☑ 创造□

学习和创新	数字技能	职业和生活技能
批判性思维☑	信息技能☑	灵活性和适应性☑
解决问题能力☑	媒体技能□	主动性和自我引导☑
创造性思维和创新能力☑	信息和通信技术□	跨文化交际能力☑
沟通能力☑		富有生产力/值得信赖☑
协作能力☑		领导力和责任感☑

◇ 活动设计背景

事实—反思—解释—决定(Objective-Reflective-Interpretive-Decisional,ORID),是常见的反思总结方法。ORID反思卡通过明确的问

题,从客观信息/数据、主观体验/情绪、价值/意义、决定/行动四个方面对课程进行总结,促进学生的反思。ORID 反思卡活动可以丰富教学反馈的维度,同时有利于培养学生结构化总结反思的能力。教师课下汇总反思卡,根据反思卡内容进行分项统计并做成表格,可用以指导后续的教学。

◇ 活动特点

多感官参与,全体参与,深度学习,主动学习。

◇ 活动准备

教师需要设计并打印 ORID 反思卡,如表 5-3 所示。

表 5-3　ORID 反思卡样例

ORID 反思卡	
O 你看到、听到、记得什么?	
R 你有什么心理感受?	
I 你有什么反思和感悟?	
D 你接下来会有什么行动?	

◇ 活动实施(约 8 分钟)

(1)教师指令:"这是一张 ORID 反思卡。请同学们从以下四个方面进行本课程的总结:客观信息/数据;主观体验/情绪;价值/意义;实践/行动。时间 5 分钟,开始! "

(2)教师分发 ORID 反思卡,每人一张。学生独立填写反思卡。

(3)教师指令:"时间到,与邻座同学分享你的反思卡,并对其他同学的反思卡给出一条反馈,时间 3 分钟,开始! "

扫一扫

观看本活动视频

"种草"笔记

（4）教师巡视，了解讨论情况。

（5）教师选择几张有代表性的卡片向全班分享，并进行重点总结。

◇ 大班活动变体

利用网络平台发放反思卡，将分项信息输入平台。

活动93 321总结

◇ 活动关键词

应用环节：快速激活☐ 多元学习☐ 有效测评☐ 简要总结☑

参与形式：个人活动☐ 两人活动☐ 小组活动☑ 全班活动☐

能力目标：记忆☑ 理解☑ 应用☑ 分析☑ 评价☑ 创造☐

学习和创新	数字技能	职业和生活技能
批判性思维☑	信息技能☑	灵活性和适应性☑
解决问题能力☑	媒体技能☐	主动性和自我引导☑
创造性思维和创新能力☑	信息和通信技术☐	跨文化交际能力☐
沟通能力☑		富有生产力/值得信赖☑
协作能力☑		领导力和责任感☑

◇ 活动设计背景

"321总结"活动，可以帮助学生梳理和评估自己对所学内容的掌握情况，为下一步学习规划提供依据；"321总结"活动也可以帮助教师了解学情，掌握学生对知识的学习情况，有的放矢开展后续教学，提高教学的有效性。

◇ 活动特点

同伴学习，简单易行。

◇ 活动准备

教师根据教学目标和内容，设计"321总结"的关键词，按班级人数，打印备用，如表5-4所示。

表 5-4 "321 总结"活动样例表

321 总结卡	
3 个已掌握的信息或知识	1. 2. 3.
2 个可以应用知识的场景	1. 2.
1 个尚有疑虑的问题	1.

◇ 活动实施(约 10 分钟)

(1)教师将学生分组,4~5 人一组。

(2)教师指令:"现在请大家根据所学习内容,写出 3 个已掌握的信息或知识,2 个可以应用该知识的场景和 1 个尚有疑虑的问题。时间 4 分钟。开始!"

(3)教师指令:"时间到,请同学们在组内以顺时针方向,轮流分享'321 总结卡'的内容,时间 4 分钟,开始!"

(4)学生活动期间,教师巡视教室,了解学生总结情况。

(5)教师针对有疑虑的问题,进行精确点评和总结。

◇ 大班活动变体

利用智慧教学工具或网络小程序,如"雨课堂""问卷星"等,完成"321 总结"内容,并通过投屏,分享同学们的总结内容。

活动 94 最后 3 句话

◇ 活动关键词

应用环节:快速激活☐ 多元学习☐ 有效测评☑ 简要总结☑

参与形式:个人活动☑ 两人活动☐ 小组活动☐ 全班活动☐

能力目标:记忆☐ 理解☐ 应用☑ 分析☑ 评价☑ 创造☐

学习和创新	数字技能	职业和生活技能
批判性思维☑	信息技能☑	灵活性和适应性☑
解决问题能力☐	媒体技能☐	主动性和自我引导☑
创造性思维和创新能力☐	信息和通信技术☐	跨文化交际能力☐
沟通能力☑		富有生产力/值得信赖☑
协作能力☑		领导力和责任感☑

◇ 活动设计背景

"3"是一个好数字,不多不少,刚刚好。"最后3句话"略带戏谑的总结反思,自带喜感。通过问题引导学生自我反思,用简要的语言进行小组交流,分享学习收获,共享体验,温故知新,查缺补漏。

◇ 活动特点

及时反思,简单易行,互动性强。

◇ 活动准备

教师根据教学目标和内容,设计"最后3句话"的问题,如表5-5所示。

表5-5 "最后3句话"样表

学习内容	学习意义	后续行动
我学到了什么?	我已学的重要性或意义在于?	我已学的能在以后帮助我解决什么问题?

◇ 活动实施(约10分钟)

(1)教师将学生分组,每组4~5人。每组选出一名记录员。记录员职责是记录每位组员的总结要点。

(2)教师发布指令:"请同学们回想本节课所学习的内容,思考以上3个问题。组内每人轮流用3句话进行总结。时间4分钟,开始!"

(3)学生组内讨论,记录员记录。教师巡视,注意发现优秀的回答和总结。

(4)教师邀请 2 名记录员,向全班分享本组的总结要点。

(5)教师进行精确总结和反馈。

◇　大班活动变体

利用智慧教学工具(如"雨课堂"等),让学生个人或小组进行讨论,形成统一总结后提交,教师通过"弹幕"分享各组的总结内容,并进行总结反馈。

扫一扫

观看本活动视频

活动 95　一句话回顾

◇　活动关键词

应用环节:快速激活☐　多元学习☐　有效测评☐　简要总结☑

参与形式:个人活动☐　两人活动☐　小组活动☐　全班活动☑

能力目标:记忆☐　理解☐　应用☐　分析☑　评价☑　创造☑

❀ "种草"笔记

学习和创新	数字技能	职业和生活技能
批判性思维☑	信息技能☐	灵活性和适应性☑
解决问题能力☐	媒体技能☐	主动性和自我引导☑
创造性思维和创新能力☑	信息和通信技术☐	跨文化交际能力☑
沟通能力☑		富有生产力/值得信赖☑
协作能力☑		领导力和责任感☑

◇　活动设计背景

一堂没有总结的课程就像一部没有结尾的电影,总会让人觉得缺少了完整感,略显茫然。认知心理学相关研究表明,不断提取信息是认知形成的重要途径,而个性化提取整合信息,效果更佳。"一句话总结"以情感信息作为认知提取线索,分享收获,共享体验,提升学习者集体归属感和认同感,形成积极学习体验,促进深度学习。

◇ 活动特点

操作简便，积极体验。

◇ 活动实施(约 6 分钟)

(1)教师将学生分组，4~5 人一组。

(2)教师指令："小组内结合本次课堂，每人说出一个印象最深的观点、概念或者原理，并简要解释为什么印象深刻。时间 4 分钟，开始！"

(3)教师巡视全场，注意收集学生反馈。

(4)教师针对学生回顾的内容简要点评。

✿ "种草"笔记

活动 96　好主意

◇ 活动关键词

应用环节：快速激活☐　　多元学习☐　　有效测评☑　　简要总结☑

参与形式：个人活动☐　　两人活动☐　　小组活动☑　　全班活动☐

能力目标：记忆☑　理解☑　应用☑　分析☐　评价☐　创造☑

学习和创新	数字技能	职业和生活技能
批判性思维☑	信息技能☐	灵活性和适应性☑
解决问题能力☑	媒体技能☐	主动性和自我引导☑
创造性思维和创新能力☑	信息和通信技术☐	跨文化交际能力☑
沟通能力☑		富有生产力/值得信赖☑
协作能力☑		领导力和责任感☑

◇ 活动设计背景

在总结环节，通过"好主意"小组活动，小组同学通过击掌或敲击桌子，一起喊出"好主意"。通过对发言人积极的反馈，增强团队的凝聚力，同时激发学生的学习兴趣，调动学生学习的积极性，提升课堂参与度。

◇ **活动特点**

多感官参与,协作学习。

◇ **活动实施**(约 8 分钟)

(1)教师将学生分成小组,4~5 人一组。

(2)教师指令:"以小组为单位,组内轮流发言,说出某个知识点有可能应用到生产或生活中的某一方面。陈述完后,小组成员请一起敲击桌子,一起喊出'好主意'。时间 4 分钟,开始!"

(3)教师巡视班级讨论情况,收集"好主意"。

(4)教师指令:"我邀请这个小组的同学分享好主意,发言结束,全班同学一起敲击桌子,一起喊出'好主意'。"

(5)教师针对学生分享的"好主意",进行有针对性的总结和点评。

活动 97　我想对你说

❖ "种草"笔记

◇ **活动关键词**

应用环节:快速激活☑　多元学习☐　有效测评☐　简要总结☑

参与形式:个人活动☐　两人活动☐　小组活动☐　全班活动☑

能力目标:记忆☐　理解☐　应用☐　分析☐　评价☑　创造☐

学习和创新	数字技能	职业和生活技能
批判性思维☑	信息技能☐	灵活性和适应性☑
解决问题能力☐	媒体技能☐	主动性和自我引导☑
创造性思维和创新能力☑	信息和通信技术☐	跨文化交际能力☑
沟通能力☑		富有生产力/值得信赖☑
协作能力☑		领导力和责任感☑

◇ **活动设计背景**

认知科学研究表明,积极情绪是大脑皮层活跃的前提,可以促进学生的学习,是影响青少年学习者学习投入程度的重要因素。群体成员互相认同程度决定了一个群体的凝聚力和士气，进而影响到群体的工作绩效。通过"我想对你说"活动，班级成员互相鼓励，表达欣赏和认可，促进学生关注情绪情感，培养积极的情感互动，激发群体认同感。

◇ 活动特点

多感官参与，轻松愉快。

◇ 活动准备

背胶纸。

◇ 活动实施(约 10 分钟)

(1)教师指令："通过这段时间的学习，班里(组里)哪一位同学给你留下了深刻印象？每人会拿到两张背胶纸，请写下你对他的欣赏、鼓励和赞美。时间 3 分钟。开始！"

(2)学生各自书写。

(3)教师指令："时间到。请同学起立，离开座位。我播放音乐，大家随音乐走动，把背胶纸条悄悄地贴到他的背上，时间 2 分钟。开始！"如图 5-7 所示。

图 5-7　我想对你说活动样例图

(4)教师指令："时间到。请同学归座，两两一对，阅读背胶纸上的内容，分享你的感受。"

(5)教师邀请 1~2 位同学发表活动感言。

活动 98　彩虹桥

◇ 活动关键词

应用环节:快速激活□　多元学习□　有效测评□　简要总结☑

参与形式:个人活动☑　两人活动□　小组活动☑　全班活动☑

能力目标:记忆□　理解□　应用□　分析☑　评价☑　创造☑

学习和创新	数字技能	职业和生活技能
批判性思维☑	信息技能□	灵活性和适应性☑
解决问题能力□	媒体技能□	主动性和自我引导☑
创造性思维和创新能力☑	信息和通信技术□	跨文化交际能力□
沟通能力☑		富有生产力/值得信赖☑
协作能力☑		领导力和责任感☑

◇ 活动设计背景

赛利格曼在《持续的幸福》一书中明确指出,主动表达感激之情,可以获得积极情绪体验,是持续的幸福的动力之一。养成主动感激的习惯,能够让我们更加幸福、有活力,经历更多积极的感受,免于陷入抑郁、焦虑、孤独。因此,在课堂教学中创造机会让学生表达感激,可以增强师生间、生生间的情感连接,建设和谐的、有温度的课堂,不仅能培养学生的共情能力,更是提升学习效果的不二法门。

◇ 活动特点

多感官参与,富于情感。

◇ 活动准备

彩色卡片纸、燕尾夹、长绳。

◇ 活动实施(约 10 分钟)

(1)教师向学生分发不同颜色的卡片纸。

(2)教师指令:"课程就要结束了,我们一起完成本学期的最后一件

❀ "种草"笔记

作品——彩虹桥。请每位同学在卡片上写下你的寄语：红色卡片——给教师的话；黄色卡片——给课程的话；绿色卡片——给同学的话。写完卡片后，大家把卡片用燕尾夹夹在长绳上，形成'彩虹桥'。"

(3)教师指令："请大家到彩虹桥下，我们一起合影，合影之后大家阅读卡片，找到关于你自己的卡片，取下它，留作纪念。"如图5-8所示。

图5-8　彩虹桥活动样例图

◇ 课堂活动变体

教师回收寄语卡片，请学生制作成电子版"课程纪念册"，如图5-9所示，作为师生反馈、生生反馈、教学反馈的材料，为教学方案的调整提供依据。

图5-9　课程纪念册样例图

扫一扫

观看本活动视频

活动 99　给新人的贴士/建议

◇ 活动关键词

应用环节:快速激活☐　多元学习☐　有效测评☐　简要总结☑

参与形式:个人活动☐　两人活动☐　小组活动☑　全班活动☐

能力目标:记忆☑　理解☑　应用☑　分析☑　评价☑　创造☑

学习和创新	数字技能	职业和生活技能
批判性思维☑	信息技能☐	灵活性和适应性☑
解决问题能力☑	媒体技能☑	主动性和自我引导☑
创造性思维和创新能力☑	信息和通信技术☐	跨文化交际能力☑
沟通能力☑		富有生产力/值得信赖☑
协作能力☑		领导力和责任感☑

◇ 活动设计背景

设置真实情景的任务,通过给新人建议的方式,完成课程总结,培养学生的共情能力、语言表达能力、逻辑思维、审美能力和视觉化呈现能力。

◇ 活动特点

适合大班,轻松愉悦,合作学习。

◇ 活动准备

学生课前以小组为单位,准备好空白手工书、小卡片、彩笔、手帐装饰等。

◇ 活动实施(约 15 分钟)

(1)教师指令:"一个学期的学习结束了,我们要给下学期选课的新同学写一张欢迎卡,帮助他们了解课程的主要内容、学习策略、教师期待、成果和收获等,帮助师弟师妹更好地完成课程学习。时间 8 分钟,开始!"

(2)学生在手工书上写下给新同学的寄语。小组合作,完成手工书封面和装饰。教师巡视班级,适时提供帮助和建议。

(3)教师指令:"时间到。请各组选派一名同学,简要介绍小组欢迎卡的内容和设计理念。"

(4)教师根据汇报情况,简要总结和反馈。

◇ 课堂活动变体

本活动也可以作为课后作业,还可以改为学生给师弟师妹留电子版的寄语。

附录 1

基于 O-AMAS 模型的课堂教学设计表

姓名：　　　　　　　　学科：

课程名称			班级人数	
教学对象			教学设施	
教学内容				
学习目标 (Smart Objectives)	在学习结束后，学生将能够……			
AMAS	教学活动设计（步骤）	时长（分钟）	材料和教具	教学反思（备注）
四个模块	快速激活 (Prompt Activation)			
	多元学习 (Multi-Learning)			
	有效测评 (Effective Assessment)			
	简要总结 (Brief Summary)			

附录 2

南开大学有效教学团队发展历程

南开大学有效教学(Nankai Effective Teaching,NKET)团队成立于 2017 年,由南开大学跨学院、跨学科、跨专业的 14 名一线教师组成,是一支集教学、教研和教师培训于一身的南开大学基层教学组织,主要工作包括有效教学课堂实践、有效教学研究和有效教学教师培训。团队成员 12 人获得英国高等教育学会(Higher Education Academy,HEA)教师资格认证,其中高级研究员 6 人,研究员 6 人。

从自我赋能到引领发展,建设教师成长共同体

在南开大学有效教学团队形成了从"教研自我赋能"到"培训引领发展"的教师发展路径。

此路径包括五个阶段:

· 一线教师研发符合主动性、合作性、反思性、体验性和强反馈的 O-AMAS 有效教学模型。

· 从课程改革到南开大学质量提升重点建设项目,向全学科课程推广。

· 设计基于 O-AMAS 的有效教学工作坊系列课程,从南开到全国,打通高等教育教学从教学理论到教学实施的"最后一公里"。

· 从线下到线上,"有效教学之旅"在线课程服务院校 199 所。

· 选取不同学科、地域、类型典型院校,以点带面,基于 O-AMAS 有效教学模型建设跨学科、跨部门、跨院校的有效教学虚拟教研室。

参 考 文 献

哈蒂,2015.可见的学习:对 800 多项关于学业成就的元分析的综合报告[M].彭正梅,等译,北京:教育科学出版社.

沈祖芸,2019. 沈祖芸全球教育报告 8 讲 (2019—2020)[R/OL], [2021–09–21].https://www.dedao.cn/course/OY8PNZj5EavJq1aHDRJn1eqGDdlgw7.

伊列雷斯,2014.我们如何学习:全视角学习理论[M].孙玫璐,译. 2 版.北京:教育科学出版社.

余文森,2015.从有效教学走向卓越教学[M].上海:华东师范大学出版社.

ANDERSON J R, 1983. The architecture of cognition[M]. Cambridge: Harvard University Press.

ANDERSON T H, ARMBRUSTER B B, 1984. Studying[J]. Center for the study of reading.NO. 155.

ANGELO T A, CROSS K P, 1993. Classroom assessment techniques [J]. Nursing Management, 46(12):16.

BIGGS J, 1996. Enhancing teaching through constructive alignment [J]. Higher education, 32(3), 347–364.

BIGGS J, 2003. Aligning teaching for constructing learning [J]. Higher education academy, 1(4).

BIGGS J, TANG C, 2015. Constructive alignment: an outcomes –

based approach to teaching anatomy [M]. Berlin: Springer International Publishing.

BLOOM B S, 1969. Some theoretical issues relating to educational evaluation[M]//R W TYLER Educational evaluation: new roles, new means: the 63rd yearbook of the national society for the study of education, part 2 (Vol. 69) ed. Chicago: University of Chicago Press: 26–50.

BOUD D, 1990. Assessment and the promotion of academic values [J]. Studies in higher education, 15(1):101–111.

CARNEY R N, LEVIN J R, 2002. Pictorial illustrations still improve students learning from text[J]. Educational psychology review, 14(1):5–26

CRAIK F I, 2000. Memory: coding processes [M]. In A. Kazdin encyclopedia of psychology. Washington, D.C: American Psychological Association.

DEMPSTER F N, 1991. Synthesis of research on reviews and tests[J]. Educational leadership, 72(8):71–76.

DEMPSTER F N, CORKILL A J, 1999. Interference and inhibition in cognition and behavior: unifying themes for educational psychology[J]. Educational psychology review, 11(1):1–88.

DURSO F T, COGGINS K A, 1991. Organized instruction for the improvement of word knowledge skills [J]. Journal of educational psychology, 83(1):108–112.

ELASY T A, GADDY G, 1998. Measuring subjective outcomes rethinking reliability and validity [J]. Journal of general internal medicine, 13(11):757–761.

ELTON B L R B, LAURILLARD D M, 1979. Trends in research on student learning[J]. Studies in higher education, 4(1):87–102.

GARDNER H, 1985. Frames of mind: the theory of multiple intelligences[J]. Quarterly review of biology, 4(3):19–35.

GIBBS G, SIMPSON C, 2004. Conditions under which assessment supports students' learning[J]. Learning and teaching in higher education, 5(1):3–31.

HATTIE J, 2009. Visible learning: a synthesis of over 800 meta analyses relating to achievement[M]. New York: Routledge.

JACKEL B, PEARCE J, RADLOFF A, et al, 2017. Assessment and feedback in higher education: A review of literature for the higher education academy[J]. Higher education academy.

KOLB K D A, 2005. Learning styles and learning spaces: enhancing experiencial learning in higher education [J]. Academy of management learning & education, 4(2):193–212.

LINN ROBERT L, GRONLUND NORMAN E, 2000. Measurement and assessment in teaching[M]. 8th ed. New Jersey: Prentice–Hall Inc.

MAGER R F, 1968. Developing attitude toward learning [M]. San Francisco: Fearon Publishers.

MARTINEZ M, LIPSON J, 1989. Assessment for learning [J]. Educ Leader, 47:73–75.

PUGH K J, BERGIN D A, 2006. Motivational influences on transfer [J]. Educational psychologist, 41(3).

ROBINSON D H, KATAYAMA A D, BETH A, et al, 2006, Increasing text comprehension and graphic note taking using a partial graphic organizer[J]. Journal of educational research, 100(2):103–111.

ROWNTREE D, 1987. Assessing students: how shall we know them? [M]. Rev. ed. London: Kogan Page.

SADLER D R, 1998. Formative assessment: revisiting the territory[J].

Assessment in education: principles, policy and practice, 5(1):77–84.

SCRIVEN M, 1967. The methodology of evaluation. In perspectives of curriculum evaluation, ed. [M]. R.W. Tyler, R.M. Gagne, and M. Scriven. Chicago: Rand McNally: 39–83.

WANG X, SU Y, CHEUNG S, et al, 2013. An exploration of Biggs' constructive alignment in course design and its impact on students' learning approaches [J]. Assessment & evaluation in higher education, 38 (4):477–491.

WILIAM D, M THOMPSON, 2008. Integrating assessment with learning: what will it take to make it work? [M]// C A DWYER. In The future of assessment: shaping teaching and learning. New York: Erlbaum: 53–82.

WILLIAMS P, 2014. Squaring the circle: a new alternative to alternative-assessment[J]. Teaching in higher education, 19 (5):565–77.

YORKE M, 2003. Formative assessment in higher education: moves towards theory and the enhancement of pedagogic practice [J]. Higher education, 45 (4):477–501.

后 记

在本书行将付梓之时,我长长地舒了一口气。从搜集案例、团队讨论到组织编写、手绘插图,再到后期的校对修改……队友们和我一起奋斗了七百多个日夜,不断打磨,终于把我们在教学实践中亲测有效的 99 个教学活动,呈现在全国的教师同行面前。

在这漫长的日夜里,不是没有忐忑,不是没有压力。当前高等教育课堂面临的种种挑战,一直在给我压力——身为一名热爱教学的老师,我希望我的课堂能成为学生生命中的一抹亮色,让师生"目中有人",让课堂"有温度",让我们在能够亲切呼唤彼此姓名的课堂里,唤醒自己,发现自己,成就自己。

我到底该如何行动?美国心理学家维克多·弗兰克尔曾经在他的著作《活出生命的意义》里写道:"人实际需要的不是没有紧张的状态,而是为追求某个自由选择的、有价值的目标而付出的努力和奋斗。他需要的不是不问代价地消除紧张,而是某个有待他去完成的潜在意义的召唤。……建筑师要想加固失修的拱顶,就得加大拱顶上面的负重,以使其各部分更紧密地结合在一起。"我在书页旁标注了 12 个字:有效教学,任重道远,于心戚戚。改变课堂,就是我们的使命,是我们的负重,也是使我们团队凝聚在一起的力量。

教学是一场相遇

最近十年,"学习型组织""学习型社会""学习共同体""学习型家庭""终生学习"等概念，逐渐走入各个领域，"学习"成为全社会各阶层的一个关键词。随着脑科学、心理科学、信息科学与技术等交叉学科的发展，教育学正在重新审视人类学习的行为与机制，学习的建构本质、社会协商本质和参与本质，正日益清晰。然而，在大学生这个脑力与体力皆盛、本应最具备学习动机与学习能力的群体当中，却存在着并不罕见的厌学、弃学现象。我们该做些什么？因缘际会，我们一群从事专业教学的一线教师，自发地聚拢在一起。我们瞄准在教学中遇到的痛点，一边学习最新的教育学理论，一边从课堂实践出发，从每一节课的教学设计、活动实施、反馈测评中摸索和总结，力求使教学活动设计与实施做到"形（形态完整）、神（目标明确）、意（意趣横生）"兼备。

这些以目标为导向、以互动为驱动力、"从课堂中来到课堂中去"的教学设计，在师生相遇的课堂中，成就了彼此——我们成为更"胜任"的教师，学生成为更"享受"的学习者。

我们的教学活动模型和设计，均是围绕"教育的七盏灯"开展的。基于对七个维度，即学习行为发生的组织、学习行为发生的空间、学习行为的主体、学习的内容、学习的方式、学习行为的预定目标和评价体系的高度察觉，我们以学生的学为中心，以学生的成长为中心，从教学设计的视角搭建"脚手架"，建设抱持性的学习支持系统，让学生感受到安全与接纳、鼓舞与激励，不断形成"我能行"的自我效能感。我们明显感受到，在 O-AMAS 有效教学的课堂上，学生乐于学习，学习效率和效果都有了大幅度提升。学生眼里有了光，脸上有了笑，我们的心里，因此而满溢了幸福。

教学是一场相遇，是师生之间的双向奔赴。如果我们的学生还没有准备好向教师奔赴而来，那么教师就先掌握向学生奔赴而去的力量吧！

团队是一种聚合

除了教学改善带来的成就感，我们的幸福还来自团队成员之间的合作、支持与促进。俗谚云："独行快，众行远。"凭借对"有效教学"理念的执着追求和改变课堂的使命感，我们形成了一个温暖的大家庭——南开大学有效教学(NKET)团队。在共同写作本书的过程中，我们更加深刻地体会到手挽手同行、向着理想前进这一令人振奋的人生体验。

我们建立了一种"发展实践共同体"，每周进行午餐聚会，分享教学困惑，打磨教学案例，讲书评书，研讨教育理论前沿，观摩教学录像。我们常从一个具体的案例讨论引申到理论问题的探讨，比如"什么样的学习是好的？""我们怎么确定是好的？""我们如何衡量素养、价值维度，有没有好的标准？"……在观点碰撞中产生思想的火花。我们设计教学观察量表，组织成员互相听课，用有效教学的评价标准衡量具体的教学活动设计与实施，面对面切磋改进方式。对照有效教学的六个特征——促进主动学习、有效参与、协作式、体验式、有效反思和注重考核——我们团队的共研共学，恰恰符合了这些特征。

当我们投入地参与理解某种学习现象、进行意义建构时，我们感觉到教师的工作多么具有价值感；当我们彼此启发、彼此提供灵感和建议时，我们不再感觉孤独，同道中人的理解与扶持，让我们真正实现了"一加一大于二"。团队中每个成员都在迅速成长。这种成长不仅体现在课堂上，还体现在成员的生活中。我们变得更加积极、自信和乐观，我们坚信"我们一定行！"

南开是一种使命

NKET，成长于南开这片沃土。1935 年 9 月 17 日，南开大学校长张伯苓向南开学子提出了振聋发聩的"爱国三问"——"你是中国人吗？你爱中国吗？你愿意中国好吗？"2019 年 8 月 25 日，南开大学本科新生开学典礼，中国工程院院士、南开大学校长曹雪涛重温老校长张伯苓的"爱国三问"，现场 4000 余名新生铿锵作答——"是！""爱！""愿意！""愿祖国繁荣富强！"这是对历史之问的回答，也是对未来的宣誓。

　　回顾百年南开历史，莘莘学子，布衣书生，位卑而未敢忘忧国，"知中国，服务中国"始终是南开人谨记于心的使命。南开的传统就是立足中国实际，解决中国问题。南开大学有效教学团队，正是一支在南开土地上自发成长的教学组织，南开的爱国血脉在我们中间流淌！针对制约我国高等教育课堂教学的瓶颈，我们期待用实实在在的工作，改善南开课堂教学，进而改善中国高等教育课堂教学。

　　这本书是全体南开人的成果。感谢南开大学教师发展中心和教务处为团队所提供的宝贵支持，感谢曹雪涛校长、王新生副校长、李川勇老师、杜雨津老师、张宏伟老师、田滕骧老师……名单很长，限于篇幅，恕不一一列举。教有道，学有效，O-AMAS 有效教学模型，便是我辈南开人对老校长"三问"的响亮回答。

李　霞

2021 年 11 月，于南开园